김부식이 들려주는 우리 역사
그림으로 보는
삼국사기

⊙ 사진 제공
124-125쪽 청주 상당산성(국가문화유산포털)
국가문화유산포털 홈페이지 : http://www.heritage.go.kr

김부식이 들려주는 우리 역사
그림으로 보는 삼국사기 5

초판 1쇄 발행 2020년 4월 30일

글 김부식 | **엮음** 임지호 | **그림** 홍연시

발행인 오형석
편집장 이미현 | **편집** 정은혜 김현경 | **디자인** 이희승
발행처 (주)계림북스
신고번호 제2012-000204호 | **등록일자** 2000년 5월 22일
주소 서울시 마포구 창전로 74 여촌빌딩 3층
대표전화 (02)7079-900 | **팩스** (02)7079-956
도서문의 (02)7079-913
홈페이지 www.kyelimbook.com

ⓒ계림북스, 2020
이 책에 실린 글과 그림, 사진의 무단 전재나 복제를 금합니다.

이 도서의 국립중앙도서관 출판시도서목록(CIP)은 서지정보유통지원시스템 홈페이지(http://seoji.nl.go.kr)와
국가자료공동목록시스템(http://www.nl.go.kr/kolisnet)에서 이용하실 수 있습니다.
(CIP제어번호: CIP2020015416)

그림으로 보는 삼국사기

김부식이 들려주는 우리 역사

글 김부식 | 엮음 임지호 | 그림 홍연시

계림북스
kyelimbooks

작가의 말

2천 년 전에 세워진 삼국의 역사가 생생하게 펼쳐집니다!

주몽, 김유신, 을지문덕, 을파소, 최치원 등 우리가 잘 알고 있는 이 인물들은 어떤 일을 했으며 어느 시대에 살았을까요? 광개토 대왕, 진흥왕, 성왕 등 사극에서 흔히 보았던 임금들은 실제로 어떤 업적을 남겼을까요? 이러한 질문에 명쾌하게 답을 주는 책이 바로 〈삼국사기〉예요.

〈삼국사기〉는 지금으로부터 약 2천 년 전 우리나라에 세워진 고구려, 백제, 신라에 대한 이야기를 담은 역사책이에요. 약 7백 년의 역사를 가진 고구려와 백제, 약 천 년의 역사를 가진 신라, 이 세 나라의 왕을 중심으로 여러 인물과 사건에 관한 기록이 담겨 있지요.

〈그림으로 보는 삼국사기〉에서는 김부식이 편찬한 〈삼국사기〉의 내용을 어린이들이 이해하기 쉽도록 핵심 내용들을 풀어 썼어요. 세 나라가 세워지고, 발전하고, 멸망하는 과정에서 등장하는 인물들, 즉 나라를 다스린 역대 임금들과 나라를 위해 싸운 영웅들, 올바른 정책으로 나라에 충성한 신하들과 부모에 효도한 효자들에 이르기까지 수많은 역사 속 인물의 이야기들이 재미있는 그림과 함께 생생하게 펼쳐져요. 그럼 삼국의 역사가 살아 숨 쉬는 〈그림으로 보는 삼국사기〉 속으로 떠나 볼까요?

엮은이 임지호

차례

나라를 위한 신라의 충신들

- 죽어서도 충언을 한 김후직 ·················· 12
  - 왕에게 사냥을 그만하도록 간청했어요
  - 죽어서도 왕에게 바른말을 했어요

삼국사기 배움터 ·················· 16
신라의 관등

- 초기 신라의 영웅, 석우로 ·················· 18
  - 승승장구하는 석우로
  - 군사들의 언 손발을 녹여 주었어요
  - 왜인들에게 죽임을 당했어요
  - 남편의 원수를 갚은 석우로의 아내

- 왕의 동생들을 구한 박제상 ·················· 26
  - 눌지왕이 동생들을 구해 달라고 했어요
  - 고구려에 가서 복호를 구했어요
  - 굳은 결심을 하고 왜로 떠났어요
  - 미사흔을 구출해 신라로 보냈어요

삼국사기 배움터 ·················· 34
충절을 지킨 박제상과 그의 아내 이야기

- 임전무퇴를 실천한 귀산 ·················· 36
  - 원광법사와 세속오계
  - 살생유택은 무엇인가요?
  - 임전무퇴를 몸으로 실천했어요

삼국사기 배움터 ·················· 42
비슷한 듯 다른 세속오계와 삼강오륜

- 인재 쓰는 법을 충언한 녹진 ·················· 44
  - 사람 쓰는 일로 골치 아픈 충공
  - 충공이 왕에게 녹진의 사람 쓰는 법을 말했어요

삼국사기 놀이터 숨은그림찾기 ·················· 48

위기에서 빛난 고구려의 충신들

- 왕과 백성들에게 사랑받은 국상, 을파소 ·················· 52
  - 국상에 임명되었어요
  - 백성들을 위해 진대법을 만들었어요

삼국사기 배움터 ·················· 56
고구려와 백제의 관등

- 적군에게서 왕을 지킨 밀우와 유유 ·················· 58
  - 밀우의 결사대
  - 유유가 자신을 희생해 적장을 죽였어요

목숨 바쳐 싸운 애국자들

- 후한의 군대를 물리친 명림답부 ···· 62
  - 고구려 최초로 국상이 되었어요
  - 청야 작전을 펼쳐 후한의 군대를 물리쳤어요

삼국사기 배움터 ···· 66
고구려 반신 열전

- 공주와 결혼한 장군, 온달 ···· 68
  - 내쫓긴 공주
  - 평강 공주가 온달을 찾아갔어요
  - 평강 공주와 온달이 만났어요
  - 사냥에서 1등을 했어요
  - 평원왕에게 사위로 인정받았어요

삼국사기 배움터 ···· 78
온달산성과 아차산성

삼국사기 놀이터 알맞은 길찾기 ···· 80

- 대를 이어 백제군과 싸운 찬덕과 해론 부자 ···· 84
  - 의로운 죽음을 택했어요
  - 귀신이 되어 성을 되찾겠다고 다짐했어요
  - 아버지의 뒤를 이어 백제군과 싸웠어요

- 용맹하고 충성스러운 심나와 소나 부자 ···· 90
  - 하늘을 나는 장수
  - 심나의 아들 소나
  - 부전자전으로 나라에 충성했어요

- 용감한 취도 삼 형제 ···· 96
  - 승려에서 군인이 되었어요
  - 삼 형제 모두 나라를 위해 싸우다 전사했어요

- 외롭게 싸우다 쓰러진 눌최 ···· 100
  - 지원군이 성만 쌓고 후퇴했어요
  - 종과 함께 마지막까지 백제군과 싸웠어요

- 당나라 대장군이 된 설계두 ···· 104
  - 당나라에서 뜻을 펼쳤어요

- 가문을 빛낸 김영윤 ···· 106
  - 대를 이어 나라에 충성했어요
  - 반란군에 맞서 용감하게 싸웠어요

- 어리지만 큰 꿈을 지닌 관창 ······ 110
  - 관창의 꿈
  - 홀로 용감하게 적진에 쳐들어갔어요
- 귀족의 모범을 보인 김흠운 ······ 114
  - 이름을 남기겠다고 다짐했어요
  - 진골 귀족이 보여 준 모범
- 아들, 종과 함께 백제군과 싸운 비령자 ······ 118
  - 신라군이 고전을 면치 못했어요
  - 합절에게 당부했어요
  - 아버지와 아들, 종이 나라를 구했어요

삼국사기 배움터 ······ 124
삼국 시대의 성을 둘러싼 무기들

- 꿋꿋하게 싸우다 전사한 죽죽 ······ 126
  - 검일이 나라를 배반했어요
  - 꺾일지라도 굽히지 않았어요
- 반역자를 처단하고 끝까지 싸운 필부 ······ 130
  - 고구려군을 상대로 죽기 살기로 싸웠어요
  - 반역자의 최후를 보여 주었어요
- 백제의 마지막 희망, 계백 ······ 134
  - 가족을 죽이고 결사대를 꾸려 전쟁터로 향했어요
  - 나라의 운명이 걸린 황산벌 전투

삼국사기 배움터 ······ 138
삼국의 왕성

삼국사기 놀이터 다른 그림 찾기 ······ 140

자신의 신념을 끝까지 지킨 사람들

'잡지'로 엿보는 삼국의 생활

- 모함을 받았으나 애국심을 잃지 않은 실혜 ····· 144
  - 동료의 모함을 받았어요
  - 노래를 지어 자기의 뜻을 나타냈어요

- 인정받지 못해 산으로 들어간 물계자 ········ 148
  - 공을 세웠으나 인정받지 못했어요
  - 산에 들어가 세상에 나오지 않았어요

- 의롭지 않은 일을 멀리한 검군 ············ 152
  - 의롭지 않은 일에 함께하지 않았어요
  - 옳은 일에 도망치지 않았어요

삼국사기 배움터 ························ 156
말단 관리 모초의 한마디

삼국사기 놀이터 ························ 158
순서대로 번호 쓰고 이야기 만들기

- 삼국의 제사와 음악 ···················· 162
  - 제사를 지냈어요
  - 거문고와 만파식 이야기

- 신분에 따라 다른 생활 모습 ············· 166
  - 신분에 따라 옷이 달랐어요
  - 골품에 따라 수레, 그릇, 집이 달랐어요

- 신라의 여러 관청과 관직 ··············· 170
  - 용왕에 제사를 지내는 관청도 있었어요

삼국사기 배움터 ························ 172
신라의 주요 관청과 오늘날의 행정 부서

삼국사기 놀이터 색칠하기 ··············· 174

삼국사기 놀이터 정답 ··················· 176

〈부록〉 삼국사기 인물 카드 – 나는 누구일까?

옛날부터 앞서가는 나라의 백성과 지도자는 함께 힘을 모아 나라를 위해 일했어요.
죽어서도 임금을 위해 충언한 김후직, 왜와 고구려에 볼모로 잡혀 있는 왕의 동생들을
구출한 박제상, 전쟁터에서 죽음을 무릅쓰고 싸운 화랑 귀산까지 신라의 많은 신하가
각자의 자리에서 임금과 나라에 충성했지요.
나라에 충절을 지키며 문제를 해결하고 기꺼이 목숨을 내놓기도 했던 신라 충신들의
모습을 살펴볼까요?

나라를 위한 신라의 충신들

죽어서도 충언을 한 김후직

왕에게 사냥을 그만하도록 간청했어요

김후직은 신라 제22대 임금 지증왕의 증손자예요. 제26대 임금 진평왕 때 두 번째로 높은 관등인 이찬으로 있으면서 병부령도 맡았어요. 진평왕은 사냥을 무척 좋아했어요. 얼마나 좋아했는지 나랏일은 뒷전이었지요. 이를 보다 못한 김후직은 진평왕에게 간절히 아뢰었어요.

★**병부령** 군사 일의 총책임자를 말해요.

나라를 위한 신라의 충신들

"옛날에 임금은 하루에도 만 가지 나랏일을 살폈다고 합니다. 충신들을 곁에 두고 부지런히 일했지요. 그래야만 정치가 깨끗해지고 나라가 온전할 수 있었습니다. 옛말에 사냥을 너무 좋아하면 나라가 망할 수도 있다고 합니다. 전하께서는 이를 새겨들어 부디 사냥을 그만두십시오."
하지만 진평왕은 김후직의 말을 듣지 않았어요. 김후직이 몇 번이고 말했지만 진평왕은 흘려들을 뿐이었어요.

죽어서도 왕에게 바른말을 했어요
김후직이 병들어 죽을 때쯤, 김후직은 세 아들을 불러 유언했어요.
"신하된 자로서 임금님의 나쁜 행동을 바로잡지 못했구나. 이대로 가면 나라가 망할지도 모르는데 정말 걱정이다. 내가 죽어서라도 임금님을 깨우쳐야겠으니, 내 무덤은 임금님이 사냥 다니는 길옆에 묻어다오."
어느 날인가 진평왕은 또 사냥을 하러 길을 나섰어요. 그런데 멀리서 어떤 소리가 들리는 듯했어요.
"가지 마시오! 가지 마시오!"

나라를 위한 신라의 충신들

진평왕이 신하들에게 어디에서 나는 소리인지 물었어요. 그러자 한 신하가 김후직 무덤 근처라고 하면서 진평왕에게 김후직의 유언을 말해 주었어요. 진평왕은 눈물을 흘리며 말했어요.

"김후직의 충성은 죽어서도 계속되는구나. 지금이라도 그의 말을 듣지 않는다면 죽어서 무슨 낯으로 그를 보겠는가?"

이후 진평왕은 사냥을 하지 않았다고 해요.

삼국사기 배움터

신라의 관등

신라는 중앙 관리의 등급을 17개, 지방 관리의 등급을 11개로 나누었어요. 〈삼국사기〉에는 제3대 유리왕 때 신라의 관등이 만들어졌다고 기록되어 있지만, 정식으로 완성된 때는 제23대 법흥왕 때였어요. 520년에 법흥왕은 율령을 반포하고 관등에 따라 관리의 옷 색을 정했어요. 옷 색은 제1관등부터 제5관등까지는 자줏빛, 제6관등부터 제9관등까지는 붉은빛, 제10관등과 제11관등은 푸른빛, 제12관등부터 제17관등까지는 누런빛이었어요.

중앙 관리의 제1관등은 이벌찬(각간, 서불한), 제2관등은 이척찬(이찬), 제3관등은 잡찬, 제4관등은 파진찬, 제5관등은 대아찬, 제6관등은 아찬, 제7관등은 일길찬, 제8관등은 사찬, 제9관등은 급벌찬(급찬), 제10관등은 대나마, 제11관등은 나마, 제12관등은 대사, 제13관등은 사지(소사), 제14관등은 길사, 제15관등은 대오, 제16관등은 소오, 제17관등은 조위였어요.
이 가운데 이벌찬부터 대아찬까지는 진골만 할 수 있었어요. 이 밖에 특별한 경우에 왕이 수여했던 대각간, 태대각간이 있었는데, 삼국을 통일하는 데 공을 세운 김유신이 태대각간이었어요.

초기 신라의 영웅, 석우로

승승장구하는 석우로

석우로는 신라 제10대 임금 내해왕의 아들이에요. 내해왕 때인 209년에 지금의 낙동강 근처에 있던 포상 8국이 가라국을 침략했어요. 가라국의 왕자가 신라에 와서 구원을 요청하자, 석우로와 이벌찬 이음이 포상 8국을 몰아내고 포로 6천여 명을 가라국에 돌려보냈어요.

★ **포상 8국** 낙동강 근처에 있던 작은 여덟 나라를 말해요.

나라를 위한 신라의 충신들

석우로는 조분왕 때인 231년에 감문국을 정벌했고, 2년 뒤에는 왜군이 쳐들어오자 사도에서 막아 싸웠어요. 바닷길을 통해 적의 전함들이 사도 앞바다로 열을 지어 공격해 오자, 석우로와 신라군은 주위에 숨어 있다가 바다로 부는 바람을 이용해 불을 질러 적군의 배들을 모두 불태웠어요. 이 전투에서 왜군은 불을 피해 바다에 빠져 거의 다 죽고 말았어요.

★**가라국** 경남 지역에 있던 여러 가야 중 한 나라로, 금관가야나 아라가야였을 것으로 추측해요.
★**감문국** 지금의 경북 김천시 개령면에 있었던 삼국 시대의 작은 나라예요.
★**사도** 지금의 경북 포항 영일만 근처로 추정해요.

군사들의 언 손발을 녹여 주었어요

많은 싸움에서 승승장구하던 석우로는 마침내 신라에서 가장 높은 관직인 이벌찬이 되어 군사 일을 맡았어요. 그는 당시 신라 최고의 장군이자 외적으로부터 신라를 지키는 영웅이었어요. 245년에는 고구려가 신라 북쪽 국경을 침입하자 석우로가 군사를 이끌고 싸웠는데, 비록 이기지는 못했으나 방어를 잘했어요.

나라를 위한 신라의 충신들

고구려와 싸우던 날 밤, 추운 날씨 때문에 군사들이 고생했어요. 이때 석우로는 직접 군사들을 찾아가 땔나무에 불을 피워 언 손발을 녹이며 위로했어요. 이렇듯 석우로는 전장에서 군사들과 동고동락하며 지냈어요. 제12대 임금인 첨해왕 때에는 신라에 속해 있던 사량벌국이 신라를 배신하고 백제로 돌아서자, 석우로가 신라군을 이끌고 사량벌국을 토벌해 멸망시켰어요.

★**사량벌국** 지금의 경북 상주 지역에 있던 작은 나라예요.

왜인들에게 죽임을 당했어요

첨해왕 때인 253년에 왜의 사신 갈나고가 신라에 왔어요. 석우로는 신라를 대표해 갈나고를 맞이했어요. 그런데 석우로와 왜는 악연이 있었어요. 20여 년 전, 석우로가 신라를 침략한 왜군의 배를 모두 침몰시켜 버렸거든요. 긴장감 속에 석우로는 갈나고에게 놀리듯 말했어요.

"언젠가 너희 나라 왕을 염전 노예로 삼고, 왕비는 밥 짓는 여자로 삼겠다."

나라를 위한 신라의 충신들

이 이야기를 들은 왜왕이 화가 나, 장군 우도주군을 보내 신라를 공격했어요. 석우로는 첨해왕에게 자기의 말실수 때문에 이런 일이 생겼으니 자신이 해결하겠다고 하고는 왜군 진영에 가서 사과했어요. 하지만 왜군은 다짜고짜 석우로를 붙잡아 나무를 쌓은 단 위에 올려놓고는 불태워 죽이고 왜로 돌아갔어요.

남편의 원수를 갚은 석우로의 아내

석우로가 왜군에게 죽자 그의 아내는 분하고 억울했어요. 남편을 죽인 원수를 갚아야겠다고 생각했지요. 그러다 미추왕 때 기회가 찾아왔어요. 왜의 사신이 신라에 왔을 때, 석우로의 아내는 미추왕에게 부탁해 왜의 사신에게 음식을 대접했어요. 그녀는 사신이 의심하지 않도록 극진히 대접하며 사신에게 계속해서 술을 먹였지요.

마침내 사신이 술에 취해 쓰러졌어요. 석우로의 아내는 사람들을 시켜 사신을 끌어낸 뒤, 나무 위에 올려 불태워 죽였어요. 석우로가 당했던 방법대로 복수를 한 거예요. 사신이 죽자 왜에서 신라를 공격했으나 이기지 못하고 돌아갔어요. 한편, 석우로가 죽을 당시 걸음마도 떼지 못한 갓난 아들이 있었는데, 이 아들이 바로 신라 제16대 임금 흘해왕이에요.

왕의 동생들을 구한 박제상

눌지왕이 동생들을 구해 달라고 했어요

신라 제19대 임금 눌지왕은 왕이 된 이듬해에 고구려와 왜에 볼모로 가 있는 동생 복호와 미사흔을 데려오려고 했어요.

눌지왕은 말 잘하는 사람을 찾다가 수주촌, 일리촌, 이이촌의 우두머리인 벌보말, 구리내, 파로 세 사람이 지혜가 있다고 해서 이들을 불러 물었어요.

나라를 위한 신라의 충신들

"고구려와 왜에 잡혀 있는 두 동생을 데려오고 싶은데 방법이 없느냐?"
그러자 세 사람은 삽량주의 우두머리로 있는 박제상이 이 일을 잘 해결할 수 있을 것이라고 말했어요. 눌지왕은 곧바로 박제상을 불러 고구려와 왜에 가서 동생들을 데리고 와 줄 것을 간곡히 요청했어요. 박제상은 눌지왕에게 최선을 다해 인질들을 무사히 구해 내겠다고 대답했어요.

고구려에 가서 복호를 구했어요

박제상은 먼저 사신으로 고구려에 가서 장수왕을 만났어요.
"이웃 나라끼리는 믿음과 성실로 교제한다고 합니다. 서로 인질을 주고받는 것은 그다지 좋은 일이 아니지요. 복호 님께서 고구려에 온 지 거의 10년이 되어 저희 임금께서 많이 보고 싶어 합니다. 대왕께서 복호 님을 돌려보내 주신다면 저희 임금께서 매우 고마워할 것입니다."
박제상의 절절한 호소에 장수왕은 복호를 돌려보내기로 했어요.

나라를 위한 신라의 충신들

복호를 데리고 박제상이 귀국하자 눌지왕은 뛸 듯이 기뻤어요. 하지만 이내 왜에 있는 미사흔 생각에 마음이 아파 박제상에게 말했어요.
"두 아우를 양팔로 여기며 살았는데, 이제 그대 덕분에 한쪽 팔을 되찾게 되었네. 하지만 나머지 한쪽 팔이 왜에 있으니 이를 어떡하면 좋겠는가?"
그러자 박제상은 단번에 미사흔을 구하러 왜로 떠나겠다고 했어요.

굳은 결심을 하고 왜로 떠났어요

떠나기 전, 박제상은 눌지왕에게 말했어요.

"왜는 고구려와 달리 말로 설득해 미사흔 님을 데려오기 어렵습니다. 그러니 속임수를 써야 합니다. 대왕께서는 우선 제가 나라를 배반했다는 말을 퍼뜨려 주십시오."

박제상은 집에 들르지도 않고 곧바로 율포로 달려가 배를 탔어요.

★**율포** 지금의 울산광역시 울주군 지역에 있던 포구로 추정해요.

나라를 위한 신라의 충신들

박제상의 아내는 박제상이 왜에 간다는 소식을 듣고는
율포로 뛰어갔으나 이미 배는 포구를 떠나고 있었어요.
떠나는 배를 보며 아내가 박제상에게 잘 다녀오라고 하자,
박제상이 아내를 돌아보며 말했어요.
"돌아오지 못할 수도 있으니 날 기다리지 마시오."

미사흔을 구출해 신라로 보냈어요

박제상은 왜에서 신라를 배신한 척했어요. 왜왕은 잠시 의심했지만, 신라에서 미사흔과 박제상의 가족이 옥에 갇혔다는 소식을 듣고 박제상의 말을 믿었지요. 그러고는 미사흔과 박제상을 이용해 신라를 침략하려고 두 사람을 장군으로 삼았어요.

박제상은 미사흔을 만난 뒤 태평하게 배를 타고 물고기를 잡았어요. 처음에는 둘이 도망갈까 봐 군사들에게 철저히 지키라던 왜왕도 두 사람이 매일 똑같이 행동하자 경계하는 마음을 풀었어요.

나라를 위한 신라의 충신들

그러던 어느 날 밤, 박제상은 미사흔에게 은밀히 말했어요.
"내일 새벽에 안개가 끼면 배를 타고 신라로 돌아가십시오."
다음 날 새벽, 군사들이 잠든 틈을 타 미사흔은 박제상과 눈물로 작별한 뒤 배를 타고 신라로 향했어요. 저녁이 되어서야 미사흔이 도망간 걸 안 왜왕은 박제상을 잡아 불태워 죽였어요. 눌지왕은 박제상의 죽음을 슬퍼하며 그를 대아찬에 추증하고 박제상의 둘째 딸과 미사흔을 결혼시켰어요.

★**추증** 나라에 공로가 있는 사람에게 죽은 뒤에 벼슬을 높여 주는 것을 말해요.

삼국사기 배움터

충절을 지킨 박제상과 그의 아내 이야기

〈삼국유사〉에는 박제상의 이야기가 좀 더 자세하게 전해져요.
옥에 갇힌 박제상에게 왜왕이 왜 미사흔을 신라로 돌려 보냈느냐고 묻자,
박제상이 말했어요.
"난 신라의 신하로서, 우리 왕의 소원을 이루게 했던 것이다."
그의 대답에 왜왕이 자기의 신하가 되면 많은 상을 주겠다고 하자, 박제상이
이번에는 이렇게 말했어요.
"왜의 신하가 되느니 신라의 개가 되겠다."
그 말에 화가 난 왜왕은 박제상을 불태워 죽였어요.

왜의 신하가 되느니 신라의 개가 되겠다!

박제상의 아내에 대한 이야기도 전해져요. 그의 아내는 박제상이 왜로 떠날 때 망덕사★ 남쪽의 모래 언덕 위에 주저앉아 떠나는 배를 보며 슬피 울었어요. 남편이 정말 못 돌아올 것 같았지요. 친척들이 그녀를 일으켜 세우려고 했지만 그녀는 두 다리를 모래에 파묻은 채 일어서지 않았어요. 오랜 시간이 지난 뒤에도 남편이 돌아오지 않자, 박제상의 아내는 치술령★에 올라가 왜를 바라보며 슬프게 울다가 결국 죽고 말았어요. 치술령에는 남편을 기다렸다가 돌이 되었다는 망부석이라는 돌이 있어요. 전설에 따르면 이 망부석이 슬픔에 통곡하다 돌이 된 박제상의 아내라고 해요.

★**망덕사** 신라 문무왕 때 지은 절로, 경주시 배반동에 망덕사의 터가 있어요.
★**치술령** 울산과 경주 사이에 있는 산이에요.

임전무퇴를 실천한 귀산

원광법사와 세속오계

귀산은 신라 진평왕 때 인물로, 사량부 출신이었어요. 친구인 추항과 함께 몸과 마음을 닦으며, 어진 사람을 찾아 가르침을 받고자 했지요. 마침 사람들에게 높임을 받던 원광법사가 수나라에서 돌아왔다는 소식을 듣고 그를 찾아갔어요. 귀산과 추항은 원광법사를 만나 최대한 예의를 갖추며, 세속에 사는 사람이 평생 지켜야 할 계율★을 알려 달라고 간청했어요.

★**계율** 불교에서 지켜야 할 규칙을 말해요.

나라를 위한 신라의 충신들

그러자 원광법사는 귀산과 추항에게 세속오계를 말해 주었어요.
"임금을 충성으로 섬기고(사군이충), 부모님에게 효도하며(사친이효),
친구를 사귈 때는 믿음으로 하고(교우이신), 전쟁에 나가서는 물러서지
않으며(임전무퇴), 생명을 죽일 때는 가려서 해야 한다(살생유택).
이 다섯 가지를 지켜 소홀함이 없게 하게나."

살생유택은 무엇인가요?

세속오계를 듣고 난 뒤 귀산이 원광법사에게 물었어요.

"법사님, 생명을 죽일 때 가려야 한다는 말은 무슨 뜻입니까?"

원광법사는 살생유택을 자세하게 설명해 주었어요.

나라를 위한 신라의 충신들

"때와 생물을 가려야 한다는 것이네. 때를 가리라는 말은 불교에서 정한 부정한 것을 멀리하는 날과 봄, 여름에는 죽여서는 안 된다는 말이네. 그리고 생물을 가리라는 말은 말과 소, 닭과 개 등 집에서 부리는 가축과 한 점의 고기도 안 나오는 작은 동물을 죽여서는 안 된다는 말이지. 즉, 생명을 함부로 죽이지 말라는 뜻이라네."
귀산은 원광법사의 가르침을 마음 깊이 새겼어요.

임전무퇴를 몸으로 실천했어요

602년, 신라 진평왕 때 백제군이 신라의 아막성을 침략했어요. 진평왕은 귀산의 아버지 무은을 비롯해 여러 장군을 보내 백제군을 막도록 했어요. 귀산과 추항도 출전해 백제군과 싸웠어요. 싸움에서 패한 백제군은 아막성 근처 천산에 숨어 있다가 신라군이 지나가는 순간 튀어나와, 갈고리로 맨 뒤에서 말을 타고 가던 무은을 떨어뜨렸어요.

나라를 위한 신라의 충신들

귀산은 스승에게 배운 임전무퇴를 크게 외치며 백제군에 달려들었어요. 그러고는 자기 말에 아버지를 태워 보낸 다음, 추항과 함께 창을 휘두르며 물러나지 않고 싸웠어요. 이를 본 신라군도 백제군과 치열하게 싸워, 죽은 군사들이 들판에 가득했어요. 귀산과 추항은 온몸에 칼을 맞고 부상을 당했는데, 신라로 돌아오는 도중에 그만 죽고 말았어요.

삼국사기 배움터

비슷한 듯 다른 세속오계와 삼강오륜

유교에는 신라 화랑들이 계율로 삼았던 세속오계와 비슷한 삼강오륜이 있어요. 삼강오륜은 사람이 지켜야 할 덕목과 도리를 말해요. 유교를 나라의 기본으로 삼았던 조선 시대 때 널리 퍼졌지요.

삼강은 '신하는 임금을 섬기고(군위신강), 자식은 부모를 섬기며(부위자강), 아내는 남편을 따라야 한다(부위부강).'라는 유교의 세 가지 덕목을 말해요.

오륜은 사람 사이에서 지켜야 할 다섯 가지 도리를 말해요. '아버지와 아들 사이는 친해야 하며(부자유친), 임금과 신하 사이에 의리가 있어야 하고(군신유의), 부부 사이는 구별되어야 하며(부부유별), 윗사람과 아랫사람 사이에는 질서가 있어야 하고(장유유서), 친구들 사이에는 믿음이 있어야 한다(붕우유신).'라고 가르치고 있어요.

세속오계와 삼강오륜 모두 부모와 자식, 임금과 신하, 친구 사이 등 사람이 살면서 맺게 되는 관계에 대해 말해 주고 있어요. 단, 세속오계는 불교 사상과 나라를 지키는 것을 강조했고, 삼강오륜은 유교의 가르침에 따라 부부와 어른, 아이 등 사람들의 관계에 대해 강조했다는 차이가 있지요.

인재 쓰는 법을 충언한 녹진

사람 쓰는 일로 골치 아픈 충공

녹진은 신라 헌덕왕 때 관리예요. 23세 때 처음 벼슬길에 올라 여러 자리를 거쳐 집사부 시랑*이 되었어요.

이 시기에 관리를 심사하고 뽑는 일을 맡았던 상대등 충공은 여러 사람에게 벼슬자리를 부탁받아 골치가 아팠어요. 결국 심장에 병이 생겨 휴가를 얻고는 집에 문을 걸어 잠그고 사람들을 안 만났지요. 그만큼 충공은 사람 뽑는 일에 시달렸어요.

★ **집사부 시랑** 집사부는 왕의 명령을 시행하고 신라의 모든 행정 관청을 관리하는 부서로, 시랑은 집사부의 차관급 벼슬을 말해요.

나라를 위한 신라의 충신들

이때 녹진이 충공을 찾아가, 충공의 병은 약이나 침이 아니라 이치에 맞는 말 한마디로 고칠 수 있다며 다음과 같이 말했어요.

"목수가 집을 지을 때 큰 나무와 작은 나무가 적당한 자리에 들어가야 집이 만들어집니다. 사람을 쓰는 일도 마찬가지입니다. 큰 인재를 높은 자리에 앉히고, 작은 인재에게 가벼운 일을 맡긴다면 높고 낮은 벼슬에 빈자리 없이 적합한 사람들로 채워져 질서가 잡힐 것입니다."

충공이 왕에게 녹진의 사람 쓰는 법을 말했어요

녹진은 충공이 자신의 말에 귀를 기울이자 이어 말했어요.

"하지만 지금은 좋아하는 사람을 높은 자리에 앉히고, 미워하는 사람은 능력이 있어도 쓰지 않습니다. 사람을 쓰는 데 있어 옳고 그름이 뒤섞이면 나랏일도 어지러워지고, 충공처럼 그 일을 하는 사람은 병에 걸릴 것입니다. 승진과 강등을 오직 그 사람이 일을 잘하고 못한 것에 따라 정한다면 사람 쓰는 일이 잘못되지 않을 것입니다."

나라를 위한 신라의 충신들

충공은 녹진의 말에 정신이 번쩍 들어 곧바로 궁에 들어가 헌덕왕을 만났어요. 충공이 왕에게 녹진의 사람 쓰는 법에 대해 전하자, 왕은 크게 기뻐하며 녹진을 칭찬했어요.
이후 녹진은 신라를 떠들썩하게 했던 김헌창의 난을 진압하는 데 큰 공을 세웠어요. 이러한 공로로 헌덕왕은 대아찬이라는 높은 관등을 녹진에게 내렸으나, 녹진은 사양하며 받지 않았어요.

삼국사기 놀이터

신라 화랑 귀산은 원광법사를 찾아가서 세속오계를 배웠어요. 그중 '살생유택'은 생명을 함부로 해치지 말라는 뜻이에요. 원광법사에게 살생유택을 배우고 있는 귀산의 그림 속에 숨어 있는 그림들을 찾아보세요.

(숨은 그림: 버섯, 야구공, 삼각자, 연필, 달팽이)

고구려에는 위기의 상황마다 나라를 위해 활약했던 충신들이 있어요. 외적으로부터 끝까지 임금을 보호하고 나라를 구한 밀우와 유유, 지략만으로 후한의 대군을 물리친 명림답부와 백성들의 어려움을 현명하게 해결해 준 을파소, 빼앗긴 땅을 되찾기 위해 목숨을 건 온달 장군까지 모두 나라의 위기 때 활약했던 충신들이에요.
이들처럼 진정한 충신은 나라가 어려울 때 빛을 냈어요. 왕과 백성들에게 사랑받았던 고구려의 충신들을 만나 볼까요?

위기에서 빛난 고구려의 충신들

왕과 백성들에게 사랑받은 국상, 을파소

국상에 임명되었어요

고구려 제9대 임금 고국천왕은 집안의 세력을 등에 업고 백성을 괴롭혔던 반란 세력을 잠재운 뒤, 신하들을 모아 놓고 명령했어요.

"요즘 아무에게나 높은 관직을 주다 보니, 덕이 없는 자가 관리가 되어 백성과 왕실에 해를 끼치고 있다. 이는 내가 현명하지 못했기 때문이다. 이제 현명하고 어진 사람을 추천하도록 하라."

위기에서 빛난 고구려의 충신들

고국천왕은 신하 안류의 추천을 받아, 농사를 짓던 을파소를 궁으로 불러 가장 높은 관직인 국상에 임명했어요. 그런데 조정의 신하들이 을파소에게 불만을 갖고 그를 미워하자, 다음과 같은 강력한 교서를 내렸어요.
"누구든 을파소의 명령을 따르지 않는 자는 씨족을 멸하겠다."
을파소는 고국천왕의 든든한 지원으로 나랏일을 잘 수행했어요.

★**교서** 왕이 신하나 백성에게 내리는 문서예요.

백성들을 위해 진대법을 만들었어요

194년 가을에 서리가 내려 곡식을 수확하기 어려웠어요. 많은 백성이 굶게 되자, 나라에서는 창고를 열어 백성들에게 식량을 나누어 주었어요. 고국천왕은 관리들에게 나라 안의 어려운 사람들을 찾아 구제하도록 명령했어요. 이때 을파소가 진대법을 제안했어요.

위기에서 빛난 고구려의 충신들

진대법은 매년 봄에서 가을까지 곡식이 부족할 때, 백성들이 나라로부터 곡식을 빌렸다가 겨울에 갚는 제도예요. 고국천왕이 을파소의 진대법을 시행하자 백성들이 춘궁기 때 굶지 않아도 되어 기뻐했어요.
백성들을 위해 좋은 정책을 펼친 을파소는 산상왕 때인 203년에 세상을 떠났어요. 그러자 나라의 많은 사람이 그의 공로를 생각하며 슬퍼했어요.

★춘궁기 지난해 거둔 곡식이 다 떨어지고 아직 새 곡식을 수확할 때가 아닌 봄철을 말해요.

삼국사기 배움터

고구려와 백제의 관등

고구려와 백제의 관등은 자세히 전해지지는 않아요. 〈삼국사기〉에서는 〈고기〉와 중국 역사책들을 참고해서 기록해 두었어요. 책마다 관등의 이름은 다르지만 대체로 고구려는 10~12관등, 백제는 16관등으로 기록되어 있어요.

초기 고구려는 10관등으로 관직이 나뉘었고 상가, 대로, 패자 등이 높은 관등이었어요. 중기와 후기 고구려는 12관등으로 관직이 나뉘었고 대대로, 태대형 등이 높은 관등에 속했지요.

백제는 제8대 임금인 고이왕 때 6좌평 16관등제가 만들어졌어요. 좌평은 백제에서 가장 높은 관등으로, 하는 일을 여섯 가지로 구분해 6좌평이라고 했어요. 두 번째로 높은 관등은 달솔로, 계백과 흑치상지가 달솔이었어요.

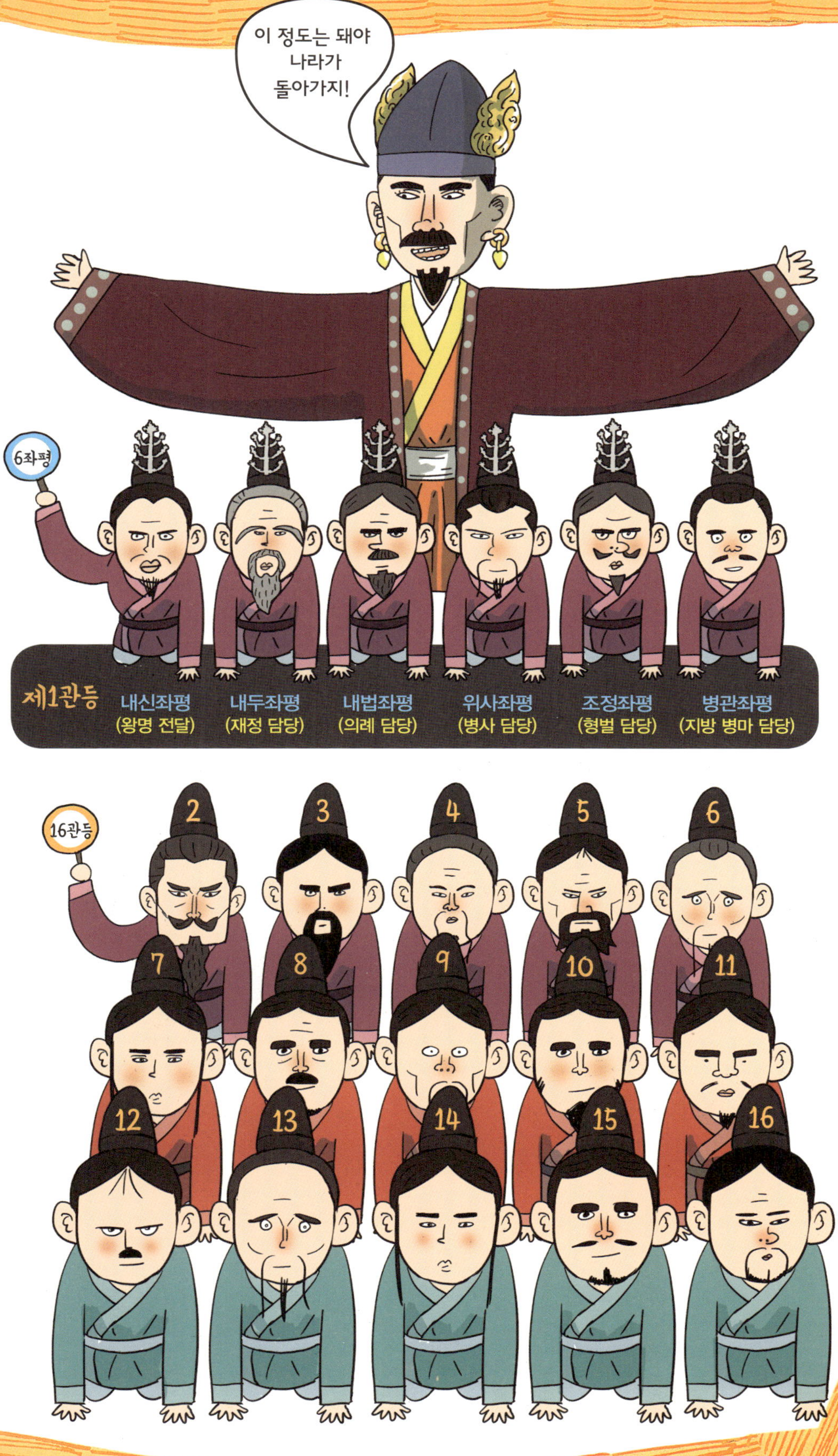
이 정도는 돼야 나라가 돌아가지!
6좌평
제1관등
내신좌평 (왕명 전달)
내두좌평 (재정 담당)
내법좌평 (의례 담당)
위사좌평 (병사 담당)
조정좌평 (형벌 담당)
병관좌평 (지방 병마 담당)
16관등
2
3
4
5
6
7
8
9
10
11
12
13
14
15
16

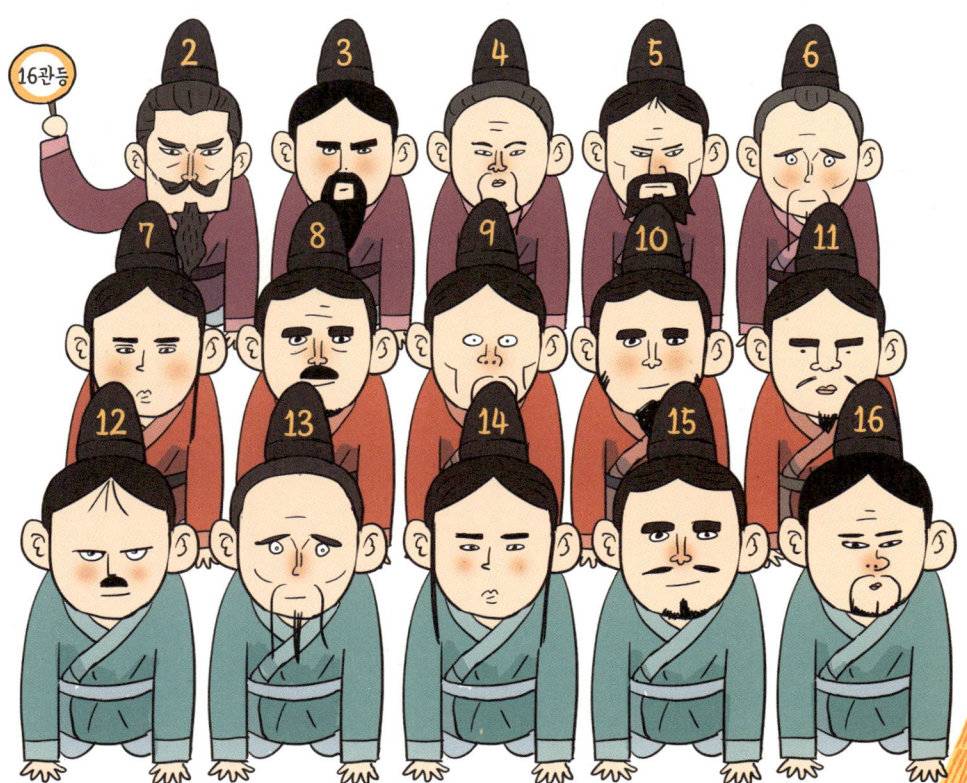

적군에게서 왕을 지킨 밀우와 유유

밀우의 결사대

246년, 고구려 제11대 임금 동천왕은 고구려를 침략한 위나라군에 맞서 연이어 승리했어요. 하지만 곧 반격을 받아 환도성이 함락되고 위나라군에게 쫓기는 신세가 되었지요.

군사들은 뿔뿔이 흩어졌고, 동부 출신 장군 밀우가 동천왕을 지켰어요. 위나라군이 점차 거리를 좁혀 오자, 밀우는 동천왕에게 자신이 적군을 막겠다며 멀리 달아나라고 했어요.

밀우는 얼마 남지 않은 군사들로 결사대를 만들어 위나라군과 싸웠어요. 그 틈에 겨우 달아난 동천왕은 계곡 근처에서 흩어진 군사들을 모아 반격할 준비를 하면서 밀우가 걱정되어 명령을 내렸어요.

"밀우를 구해 오는 사람에게 큰 상을 내리겠다!"

이에 유옥구가 밀우를 구출하러 오던 길로 되돌아갔어요. 부상을 당해 땅에 누워 있는 밀우를 발견한 유옥구는 밀우를 업고 돌아왔어요.

유유가 자신을 희생해 적장을 죽였어요

위나라군은 계속해서 동천왕을 잡기 위해 뒤를 쫓아왔어요. 그러자 이번엔 동부 출신 장군 유유가 동천왕에게 계략을 써서 적장을 죽이겠다고 했어요.
동천왕은 유유가 죽을 수도 있다고 생각했지만 다른 방법이 없었어요.
유유는 우선 위나라군 진영에 가서 거짓으로 항복했어요.
"저희 임금께서 도망치다가 더 이상 갈 곳이 없어 항복하려고 합니다. 그 전에 고생한 위나라군을 위해 음식을 가져왔으니 받아 주십시오."
위나라 장군은 드디어 동천왕을 잡았다는 생각에 항복을 받아들였어요.

위기에서 빛난 고구려의 충신들

유유는 음식을 내밀며 위나라 장군 앞으로 갔어요. 그러고는 그릇 안에 숨겨둔 칼을 꺼내 위나라 장군의 가슴을 찔렀어요. 적장이 칼에 찔려 죽자, 그의 부하들이 몰려와 유유를 죽였어요. 멀리서 기다리고 있던 고구려군은 적장이 쓰러진 것을 알고는 세 길로 나누어 위나라 진영을 공격했어요. 장군이 죽어 우왕좌왕하던 위나라군은 순식간에 무너져 후퇴했어요.

후한의 군대를 물리친 명림답부

고구려 최초로 국상이 되었어요

고구려 제8대 임금 신대왕은 명림답부와 신하들의 도움으로 왕위에 오른 뒤, 명림답부를 국상에 임명했어요. 고구려 최초로 국상이 된 명림답부는 신대왕을 도와 나라를 다스리고 군사에 관한 일을 맡았어요.

이 당시 고구려는 선왕인 차대왕이 죽임을 당하고 신대왕이 왕위에 오르는 정치적인 혼란으로 나라 안 사정이 불안했어요. 게다가 국경이 맞닿아 있는 중국 후한과도 언제 전쟁을 치를지 모르는 긴장 상태였지요.

위기에서 빛난 고구려의 충신들

172년 겨울, 후한 태수 경림이 대군을 이끌고 고구려를 침략했어요. 신대왕은 신하들을 모아, 나가서 싸울지 아니면 물러나 지킬지를 놓고 회의를 했어요. 신하 대부분은 싸우지 않으면 후한이 계속 침공할 테니, 나가서 싸워야 한다고 주장했어요. 게다가 고구려의 지형이 험한 것을 잘 이용하면 후한을 이길 수 있다고 장담했지요. 하지만 명림답부의 생각은 달랐어요.

청야 작전을 펼쳐 후한의 군대를 물리쳤어요
명림답부는 고구려군의 병력이 적으니, 싸우기보다는 지켜야 한다고 말했어요. 그리고 후한은 멀리서 많은 병력이 왔기 때문에 빨리 싸우려고 할 것이고, 시간이 지나면 군량이 떨어질 것이라고 했지요. 그러면서 다음과 같은 작전을 펼치자고 말했어요.

위기에서 빛난 고구려의 충신들

"땅을 깊게 파 도랑을 만들고 흙을 쌓아 보루를 높게 만든 뒤, 들판의 곡식을 모두 없애는 '청야' 작전을 펼쳐야 합니다. 그러면 후한의 군대는 한 달이 못 되어 먹을 것이 떨어져 돌아갈 겁니다. 이때 우리 군사들이 공격하면 승리할 수 있습니다."
신대왕이 명림답부의 말대로 청야 작전을 펼치자 정말 후한의 군대가 얼마 있지 않아 후퇴하기 시작했어요. 그때 명림답부는 직접 군사들을 이끌고 후한의 군대를 무찔러 크게 승리를 거두었어요.

제 말이 맞죠?

고구려

삼국사기 배움터

고구려 반신 열전

<삼국사기>의 '열전'에는 충신뿐 아니라 반신에 대한 기록도 있어요. 열전 제9권은 고구려의 창조리와 연개소문에 대한 기록이에요. 흔히 임금을 배신한 신하들의 기록인 '반신 열전'이라고도 해요.

창조리는 봉상왕이 굶주린 백성들에게 폭정을 일삼자, 신하들과 모의해 봉상왕을 폐위시키고 미천왕을 왕위에 올렸어요. 당나라를 싫어한 연개소문은 당나라와 사이좋게 지내려는 영류왕을 피살했지요.

유교 사상을 따랐던 김부식의 눈에 비친 창조리와 연개소문은 왕을 몰아내거나 죽인 '반신'이었어요. 그런데 차대왕을 죽인 '명림답부'와 모본왕을 죽인 '두로'는 반신으로 기록하지 않았어요.

반신이냐, 아니냐는 김부식이 이들을 어떻게 생각했느냐에 따라 달랐어요. 〈삼국사기〉 기록에 따르면, 창조리는 신하들과 모의해 봉상왕을 몰아냈으며, 연개소문은 김부식이 보기에 잔인하고 포악한 반역자였어요. 반면에 두로는 백성들의 원수 모본왕을 죽였으며, 명림답부는 백성들을 못 견딜 정도로 괴롭힌 왕을 죽였던 거예요. 더구나 명림답부는 후에 중국을 크게 물리치기도 했어요. 이러한 김부식의 평가에 따라 비슷한 상황이라도 반신인지 아닌지가 나누어졌답니다.

공주와 결혼한 장군, 온달

내쫓긴 공주

고구려 제25대 임금 평원왕(평강왕) 때 온달이라는 사람이 살고 있었어요. 온달은 우스울 정도로 못생겼지만 마음은 밝았어요. 집이 가난해 다 떨어진 옷과 신발로 음식을 구걸하러 이리저리 돌아다니는 것을 보고, 사람들은 그를 '바보 온달'이라고 불렀어요.

한편, 평원왕에게는 잘 우는 어린 딸이 있었어요. 딸이 울 때마다 평원왕은 농담 삼아 말했어요.

"넌 너무 잘 우니, 바보 온달에게나 시집가야겠다."

평강 공주가 자라 열여섯 살이 되자, 평원왕은 딸을 상부 소속의 고씨에게 시집보내려고 했어요. 그러자 공주가 왕에게 말했어요.

"아버지께서 항상 말씀하신 대로 저는 온달에게 시집가겠습니다."

그러자 왕은 화를 내며 평강 공주를 내쫓았어요.

평강 공주가 온달을 찾아갔어요

평강 공주는 어릴 때부터 귀에 못이 박히도록 들은 온달에게 시집가기로 마음먹었어요. 값비싼 팔찌 수십 개를 들고 궁을 나온 공주는 길 가는 사람을 붙잡고는 온달의 집이 어디인지 물으며 다녔어요. 마침내 온달의 집을 찾은 공주는 먼저 눈먼 온달의 어머니에게 절을 한 다음, 온달이 어디 있는지 물었어요. 그러자 온달의 어머니가 공주의 손을 만지더니 말했어요.

귀한 분께서 제 아들은 왜 찾으십니까?

위기에서 빛난 고구려의 충신들

"내 아들은 배가 고파 느릅나무 껍질이나 얻을까 하여 산에 갔는데, 아직 돌아오지 않고 있지요. 당신의 손을 만져 보니 귀한 분 같은데, 누구의 속임수에 빠져 가난한 내 아들을 찾아 여기까지 왔습니까?"
어머니의 말을 들은 공주는 온달을 찾으러 길을 나섰어요.

온달 씨를 만나야 해.

평강 공주와 온달이 만났어요

공주는 저 멀리 산에서 내려오는 온달을 보고 가까이 다가가서는 자신이 온 이유를 말했어요. 그러자 온달은 한 걸음 뒤로 물러서더니 공주를 향해 말했어요.

"귀한 집 어린 여자가 하찮은 나를 찾아오다니, 넌 분명히 사람이 아니라 여우 귀신이구나. 나에게 가까이 오지 마라!"

온달은 뒤도 안 돌아보고 쌩하니 집으로 갔어요.

공주는 온달의 집 앞에 왔지만 온달은 문을 열어 주지 않았어요. 하는 수 없이 공주는 사립문 아래에서 웅크린 채 하룻밤을 잤어요. 다음 날, 공주는 온달과 어머니에게 말했어요.

"서로 마음이 진실하다면 가난하고 누추한 건 아무것도 아닙니다. 어찌 부자가 되어서야만 함께할 수 있겠습니까?"

마침내 온달과 결혼한 공주는 궁에서 들고 나온 값비싼 팔찌들을 팔아 집과 밭, 노비와 소, 말, 그릇 들을 사 집안 살림을 제대로 갖추었어요.

사냥에서 1등을 했어요

어느 날, 온달이 말을 사려고 시장에 가려는데
공주가 온달에게 당부했어요.
"시장 사람들이 파는 말은 사지 말고, 나라에서 기른 말 가운데
병들고 야위어서 내놓은 말을 골라서 사 오세요."
공주는 온달이 사 온 말을 열심히 길러, 살을 찌우고 건강하게 만들었어요.
온달은 공주가 기른 말을 타고 무예를 닦았어요.

위기에서 빛난 고구려의 충신들

고구려에서는 매년 봄 3월 3일에 낙랑 언덕에서 사람들이 하늘과 산천의 신에게 제사를 지낼 동물을 사냥했어요. 그날이 오자 왕이 신하들과 군사들을 이끌고 사냥을 나갔는데, 온달도 그동안 기른 말을 데리고 왕의 행차를 따라갔어요. 많은 사람 가운데 온달이 탄 말이 가장 빨랐고, 온달이 잡은 짐승이 가장 많았어요. 왕은 온달을 불러 누구인지 알고는 깜짝 놀랐어요. 정말 예전의 그 바보 온달인지 의아했지요.

평원왕에게 사위로 인정받았어요

중국 후주가 고구려를 침략했을 때, 평원왕은 직접 군사를 이끌고 나가 싸웠어요. 이때 온달이 앞장서서 적군 수십 명을 죽이자, 고구려군의 사기가 올라 전쟁에서 크게 이겼어요. 평원왕은 전쟁에서 큰 공을 세운 온달을 칭찬하면서 모두에게 말했어요.

"이 사람이 바로 내 사위요!"

평원왕은 사위 온달에게 대형이라는 벼슬을 내렸어요.

★후주 중국 남북조 시대(420~589년) 때 북조의 한 나라예요.

위기에서 빛난 고구려의 충신들

다음 왕인 영양왕 때, 온달은 신라에 빼앗긴 죽령 서쪽 지역을 찾아오겠다고 했어요. 땅을 되찾지 못하면 돌아오지 않겠다고 다짐했지요. 온달은 신라군과 맞서 힘껏 싸웠어요. 하지만 아단성 근처에서 신라군 화살에 맞아 그만 전사하고 말았어요.
사람들이 온달을 장사 지내려고 하는데 관이 땅에 붙어 움직이지 않았어요. 그 소식을 들은 공주가 와서 슬피 울며 관을 어루만지자, 마침내 관이 움직였어요. 온달의 소식을 들은 영양왕도 매우 슬퍼했어요.

삼국사기 배움터

온달산성과 아차산성

온달이 전사한 아단성은 충북 단양 근처에 있던 성으로, 현재 단양에는 온달의 이름을 딴 '온달산성'이 있어요. 이 온달산성은 온달이 신라군과 싸우기 위해 만들었다고 전해져요. 또 다른 이야기에는 성을 만든 방식과 생김새가 신라의 성과 비슷해서 온달이 이 성을 빼앗기 위해 싸웠을 것이라고도 해요. 온달산성 근처에는 온달과 관련된 이야기가 전해지는 장소가 많아요. 온달을 장사 지낸 곳이라고 하는 상리 나루터와 온달이 무예를 닦았다는 온달 동굴이 있지요.

그런데 온달이 전사했던 아단성이 서울의 '아차산성'이라는 의견도 있어요.
온달이 출정하던 당시에 이미 신라가 한강 지역을 차지하고 있어서 고구려의
온달이 한강보다 남쪽에 있는 단양까지 군사를 이끌고 오기 어려웠을 것이라고
추측한 것이지요.
이렇듯 온달을 둘러싼 역사적 사실과 함께 많은 전설이 내려오는 것은
평강 공주와 온달의 사랑이 오늘날에도 감동을 주기 때문이 아닐까요?

삼국사기 놀이터

고구려에는 나라와 임금을 위해 백성들을 구제하고 전쟁터에 나가 싸우며 뛰어난 지략을 펼쳤던 충신들이 있어요. 아래 미로에서 어느 인물이 어떤 일을 했는지, 알맞은 길을 따라 찾아가 보세요.

신라에는 통일을 이루기까지, 그리고 통일 후 나라를 지키기 위해 많은 사람의 희생이 있었어요. 아버지와 아들이 대를 이어 전쟁터에서 목숨을 바쳤는가 하면, 형제 모두 군인이 되어 나라를 위해 싸우기도 했지요. 고구려와 백제에서도 많은 이가 나라를 위해 칼과 창을 들었지만, 아쉽게도 이들에 대한 기록이 부족해요. 백제의 마지막 희망인 계백 장군과 이름 모를 5천 명의 결사대 이야기에서나마 그들의 모습을 찾아볼 수 있어요.

패권을 다투던 어지러운 시대에 오로지 나라를 위해 목숨 바쳤던 사람들을 만나 볼까요?

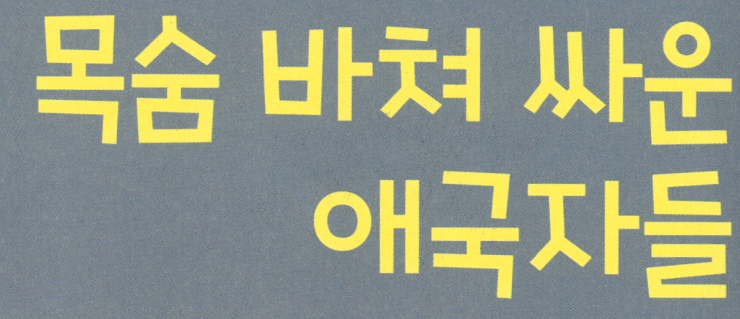

목숨 바쳐 싸운 애국자들

대를 이어 백제군과 싸운 찬덕과 해론 부자

의로운 죽음을 택했어요

신라 진평왕 때 가잠성* 현령인 찬덕이라는 사람이 있었어요. 그는 용감하고 굳은 신념을 가진 인물로 널리 알려졌어요.

611년 겨울이었어요. 백제가 대대적으로 가잠성을 공격해 성을 포위한 지 100여 일이나 지났어요. 진평왕은 가잠성을 구하기 위해 군사들을 보냈는데 지원군은 백제군을 이기지 못한 채 후퇴하고 말았어요.

★**가잠성** 충북 괴산군에 있었던 성으로 추정돼요.

목숨 바쳐 싸운 애국자들

성안에서 이를 지켜본 찬덕은 분통해하며 군사들에게 말했어요.
"적군이 강하다고 앞으로 나아가지도 않고, 성이 위기에 처했는데도 구하지 않으니 이것은 의롭지 못한 것이다. 그들처럼 의롭지 않게 사는 것보다 의롭게 죽는 것이 낫다."
군사들은 찬덕을 따라 힘껏 백제군과 싸웠어요.

귀신이 되어 성을 되찾겠다고 다짐했어요

찬덕은 신라 지원군이 돌아간 뒤에도 성안의 군사들과 함께 백제군과 치열하게 싸웠어요. 나중에는 마실 물조차 없어 오줌을 받아 마시며 버텼지요. 하지만 버티는 것도 한계가 있었어요. 다음 해인 612년 봄이 찾아올 무렵, 사람들은 지쳐 쓰러졌고 성의 대부분이 무너졌어요.

목숨 바쳐 싸운 애국자들

찬덕은 하늘을 우러러 크게 외쳤어요.
"임금께서 내게 성을 맡겼는데, 이제 이 성을 지킬 수 없게 되었구나!
내 죽어서 귀신이 되어서라도 백제군을 죽이고 성을 되찾겠다."
찬덕은 팔을 걷어붙인 다음 두 눈을 부릅뜨고는 커다란 회화나무로 돌진해
목숨을 끊었어요. 결국 가잠성은 함락되었고 신라군은 항복했어요.

아버지의 뒤를 이어 백제군과 싸웠어요

찬덕의 공로로 아들 해론은 스무 살 때 대나마가 되었어요. 618년에 해론은 금산 당주에 임명되어, 한산주 도독 변품과 함께 신라군을 이끌고 백제가 점령한 가잠성을 습격해 성을 되찾았어요. 이에 백제군이 가잠성을 다시 공격했고, 해론과 신라군은 백제군과 일진일퇴를 거듭했어요.

★**금산 당주** 금산은 지금의 경북 김천 지역이고, 당주는 지금의 군사령관에 해당돼요.
★**한산주** 지금의 경기도 지역에 있었던 신라의 지방 행정 구역이에요.

목숨 바쳐 싸운 애국자들

해론은 신라 장군들에게 외쳤어요.
"내 아버지께서 바로 이 성에서 돌아가셨다. 나 또한 오늘 백제군과 죽을 때까지 싸울 것이다!"
해론은 짧은 칼을 들고 적과 싸워 몇 명을 죽인 다음 자신도 죽고 말았어요. 진평왕은 해론의 용기에 감탄해 그의 가족에게 많은 상을 내렸고, 사람들은 그의 죽음을 슬퍼하며 '해론가'를 지었어요.

★**해론가** 해론에 대한 내용이 담긴 노래로, 지금은 전해지지 않아요.

용맹하고 충성스러운 심나와 소나 부자

하늘을 나는 장수

신라 백성군 사산*에 심나와 소나 부자가 살고 있었어요. 아버지 심나는 힘이 세고 몸짓이 날쌨지요. 이들의 고향인 사산에는 신라와 백제와의 경계가 뒤섞여 있어서 크고 작은 싸움이 잦았어요. 전쟁이 있을 때마다 심나가 출전하면 백제군에서는 막을 사람이 없었어요.

★**사산** 지금의 천안시 근처로 추정돼요.

목숨 바쳐 싸운 애국자들

제27대 임금 선덕 여왕 때 신라군이 백제의 국경 근처 마을을 공격했는데, 강하고 날렵한 백제군이 신라군을 역습했어요. 신라군이 정신없이 물러나는데, 심나만 물러서지 않고 백제군 수십 명을 물리쳤어요. 결국 백제군은 심나의 기세에 눌려 후퇴하고 말았지요. 이러한 심나를 가리켜 백제 사람들은 '하늘을 나는 장수'라고 하면서, 심나가 있는 한 백성군을 공격하기가 어렵다고들 했어요.

심나의 아들 소나

아들 소나는 백제 멸망 뒤 아달성에서 신라 북쪽 국경을 막는 일을 맡았어요. 소나 역시 용맹하고 재주가 뛰어난 것이, 아버지를 꼭 닮았지요.

675년 봄이었어요. 아달성의 태수가 날짜를 정해서 백성들 모두 성 밖으로 나가 삼을 심도록 명령했어요. 그러자 말갈의 첩자가 이 소식을 말갈 추장에게 알렸어요.

★**아달성** 지금의 북한 강원도 이천군 지역에 있던 성이에요.

목숨 바쳐 싸운 애국자들

삼을 심을 날짜에 백성들이 모두 성 밖으로 나가자, 말갈군이 아달성을 기습했어요. 말갈군은 성안에 남은 노인과 어린아이 들을 해치고 재물을 빼앗았어요. 갑작스러운 말갈군의 공격에 전혀 손을 쓰지 못하던 그때, 마침 성에 있던 소나가 칼을 휘두르며 크게 소리쳤어요.

"이놈들, 심나의 아들 소나가 여기 있다! 죽고 싶은 자는 앞으로 나와라!"

심나의 아들 소나가 여기 있는 한 어림없다!

살려 줘요~!

부전자전으로 나라에 충성했어요

소나는 외침과 동시에 적군에 돌진했어요. 말갈군은 소나의 기세에 눌려 앞으로 나서지 못한 채 멀리서 화살을 쏘았어요. 화살이 빗발처럼 소나에게 쏟아졌지만 소나는 이를 쳐 내며 아침부터 저녁까지 맹렬하게 말갈군에 맞섰어요. 한 발 두 발, 적군의 화살이 소나를 고슴도치로 만들었어요. 마침내 힘이 다한 소나는 쓰러져 죽고 말았지요.

소나의 아내는 소나가 전쟁터에서 장렬히 전사했다는 말에 울면서 말했어요.
"남편은 항상 대장부로서 용맹하게 싸우다 죽겠다고 했어요."

문무왕은 나라를 위해 목숨을 바친 심나와 소나 부자의 충절을 기리며, 지방 출신 소나에게 파격적으로 진골에게만 주는 관등인 잡찬을 추증했어요.

용감한 취도 삼 형제

승려에서 군인이 되었어요

취도는 신라 사량부 출신으로, 아버지는 나마 취복이에요. 취도는 삼 형제의 둘째로, 첫째의 이름은 부과이고 막내는 핍실이에요. 취도는 어릴 때 경주 부근의 실제사에서 승려가 되어 법명을 도옥이라고 했어요.

목숨 바쳐 싸운 애국자들

655년, 태종 무열왕 때 백제가 조천성을 침략했어요. 이 시기에 신라는 백제와 고구려, 말갈에게도 공격을 당해 중국 당나라에 병력을 요청할 정도로 어려웠어요. 조천성 전투에 태종 무열왕이 직접 나섰으나 전투는 쉽게 끝나지 않았지요. 전쟁이 일어났다는 소식에 도옥은 승복을 벗고 전장에 나갔어요. 취도는 이때 바꾼 이름이에요. 취도는 삼천당이라는 부대에 소속되어 맹렬히 백제군과 싸우다 전사했어요.

★**조천성** 지금의 충북 영동군 양산면 지역에 있던 성이에요.

삼 형제 모두 나라를 위해 싸우다 전사했어요

660년에 백제가 멸망했으나 도읍을 제외한 지방에는 많은 백제 사람이 나당 연합군에 저항했어요. 게다가 신라를 도왔던 당나라는 백제 지역에 군대를 두어 신라까지 집어삼키려는 야욕을 드러냈지요. 신라는 백제 땅도 찾으면서 당나라군도 몰아내야 했어요.

신라 문무왕 때인 671년, 신라가 삼국 통일을 이루어 가는 도중에 취도의 형 부과는 옛 백제 사람들과 싸우다가 전사했어요. 이 전투에서 부과는 가장 많은 공을 세웠어요.

목숨 바쳐 싸운 애국자들

684년, 신라 제31대 임금 신문왕 때 고구려 유민 대문이 금마저에서 반란을 일으켰어요. 이때 취도 동생 핍실은 이 난을 진압하는 장수로 출전했어요.
핍실은 출발하기 전 아내에게 말했어요.
"형들과 마찬가지로 나도 이번 전쟁에서 죽기를 각오하고 싸우겠소."
핍실은 용감히 싸워 수십 명을 죽인 뒤 결국 전사했어요.
신문왕은 이 삼 형제의 희생을 기리며 형제 모두에게 사찬을 추증했어요.

★**금마저** 지금의 전북 익산시를 말해요.

외롭게 싸우다 쓰러진 눌최

지원군이 성만 쌓고 후퇴했어요

624년, 신라 진평왕 때였어요. 백제는 신라의 여섯 성을 대대적으로 공격했어요. 그러자 진평왕은 여섯 성을 구하기 위해 상주와 하주에 있는 군사들을 보냈어요. 마침내 도착한 신라의 지원군은 백제군의 기세가 너무 강해서 공격도 못하고 머뭇거렸지요.

★**여섯 성** 속함, 앵잠, 기잠, 봉잠, 기현, 혈책을 말해요.

싸워야지 성을 왜 쌓아!

목숨 바쳐 싸운 애국자들

여섯 성을 책임지고 있던 사람은 경주 사량부 출신의 눌최였어요. 지원군이 왔다는 소식에 백제군은 공격의 고삐를 더욱 당겨 성을 차례차례 함락시켰어요. 그런데 지원군은 공격은커녕 물러나겠다고 했어요. 다만 그냥 갈 순 없어서 쌓다 만 성을 다 쌓고는 돌아갔지요. 눌최는 지원군이 아무런 공격도 하지 않은 채 돌아가자 분통의 눈물을 흘렸어요.

종과 함께 마지막까지 백제군과 싸웠어요

눌최는 군사들을 불러 이렇게 말했어요.

"추운 겨울이 되면 소나무와 잣나무만이 늦게 진다. 외로운 성에서 위태로운 상황이지만, 지금이야말로 이름을 드높일 때다. 어떻게 하겠는가?"

그러자 성안의 모든 군사가 죽기를 각오하고 싸우겠다는 함성을 질렀어요.

드디어 백제군의 총공격이 시작됐어요. 신라군은 힘을 다해 싸웠지만 백제군의 칼날에 하나둘 쓰러져 갔어요.

목숨 바쳐 싸운 애국자들

눌최에게는 늘 함께하는 종이 있었어요. 종은 힘도 세고 활도 잘 쏘았어요. 눌최의 곁에서 종은 화살을 쏘며 백제군을 한 명 한 명 쓰러뜨렸어요. 백제군은 눌최에게 쉽게 다가서지 못했지요. 그런데 이때 백제군이 몰래 뒤로 다가가 눌최를 도끼로 내리쳤어요. 눌최가 쓰러져 죽은 뒤, 종도 몰려온 백제군과 싸우다 죽었어요.

비록 전투에서 졌지만, 진평왕은 마지막까지 백제군과 싸우다 전사한 눌최의 소식에 슬퍼하면서 그에게 급찬을 추증했어요.

당나라 대장군이 된 설계두

당나라에서 뜻을 펼쳤어요

설계두는 진평왕 때 신라의 귀족 가문에서 태어났어요. 하지만 진골이 아니었기 때문에 높은 벼슬을 할 수 없어 불만을 가졌어요. 한번은 친구들과 만나 자신의 포부를 말했어요.

"난 당나라로 가서 공을 세워 높은 관리가 될 거야!"

설계두는 621년에 몰래 배에 올라 타 당나라로 갔어요.

645년, 당나라 황제 태종이 고구려를 공격할 때였어요. 설계두는 당나라 군대에 들어가 고구려 공격에 앞장섰어요. 특히 태종이 머물던 주필산 아래에서 고구려군 진영에 깊숙이 들어가 싸워 큰 공을 세웠어요. 하지만 이 전투에서 설계두는 전사하고 말았지요.

태종은 설계두가 신라 사람이라는 것을 알고는 당나라 사람도 하기 힘든 일을 신라 사람이 했다며 칭찬한 뒤, 대장군으로 추증했어요.

가문을 빛낸 김영윤

대를 이어 나라에 충성했어요

김영윤의 할아버지는 김유신 장군의 동생인 김흠순이에요. 김흠순은 신라 각간으로 있으면서, 나라와 임금에 충성하며 백성에게는 어진 재상이었어요. 그리고 660년 백제 멸망 때 김유신과 함께 백제 공격에 앞장섰으며, 668년 고구려 멸망에도 공을 세웠어요.

김영윤의 아버지는 황산벌 전투에서 전사한 반굴이에요. 그 당시 김흠순은 신라군이 백제군에 계속 패하자 아들 반굴을 불러 말했어요.

"신하에게는 충성만 한 것이 없으며, 자식에게는 효도만 한 것이 없다. 위태로운 상황에서 목숨을 바친다면 충과 효, 모두를 이루는 것이 된다."

그러자 반굴은 백제군 진영에 뛰어 들어가 싸우다 장렬히 전사했어요.

이렇듯 김영윤의 가문은 대를 이어 나라에 충성했으며, 김영윤 자신도 가문의 명예를 자랑스럽게 여기며 살았어요.

반란군에 맞서 용감하게 싸웠어요

신라 신문왕 때인 684년, 고구려 사람이던 실복이 보덕성에서 반란을 일으켰어요. 김영윤은 황금서당의 보기감이 되어 반란군을 토벌하러 갔어요. 김영윤은 이번 전투에서 꼭 승리하겠다고 다짐했지요.

마침내 반란군 무리와 마주하게 된 김영윤은 막상 전투에 임하게 되자 주춤주춤하며 물러서는 군사들에게 우렁찬 목소리로 말했어요.

목숨 바쳐 싸운 애국자들

"옛날부터 전쟁에서 용기가 없는 것을 경계해야 한다고 했다. 군사에게는 오로지 전진만 있을 뿐 후퇴란 없다. 주위에서 물러선다고 나도 물러서야 되겠는가?"

누구보다 용감하게 맞선 김영윤은 결국 반란군과 싸우다가 전사했어요. 이 소식을 들은 신문왕은 벼슬과 상을 내려, 그의 충절을 기렸어요.

★**보덕성** 지금의 전북 익산군 금마에 있던 성이에요.
★**황금서당** 통일 신라 때 경주를 지키던 군사 부대로, 고구려 출신 사람들로 구성되어 있었어요.
★**보기감** 부대의 부지휘관을 말해요.

어리지만 큰 꿈을 지닌 관창

관창의 꿈

관창의 아버지는 진골 출신의 품일 장군이에요. 높은 귀족 가문답게 관창은 일찍 화랑이 되어 사람들과 잘 어울렸으며, 활도 잘 쏘고 말도 능숙하게 다루었어요. 관창은 어려서부터 백제군을 무찌르고 백제를 멸망시킬 꿈을 꾸었어요. 그런데 신라군이 백제군에게 번번이 패해, 백제를 무너뜨리겠다는 관창의 다짐은 점점 불타올랐어요.

660년, 관창이 열여섯 살 때였어요. 신라군이 백제군과 황산벌에서 싸울 때, 관창은 부대의 부장이 되어 전쟁에 참가했어요. 신라의 김유신, 김흠순 등 쟁쟁한 장군들이 출전해 백제와 전투를 벌였지요. 하지만 신라군은 백제군에 네 번이나 패해 사기가 땅에 떨어졌어요.
신라군은 백제군보다 열 배나 많은 5만 명의 정예 군사들이었지만, 백제의 계백 장군이 이끄는 5천 명의 결사대에 번번이 패했어요.

홀로 용감하게 적진에 쳐들어갔어요

품일은 아들 관창을 불러 장수들 앞에서 말했어요.
"네 나이가 열여섯이지만 뜻이 높고 용감하니 군사들
앞에서 용맹함을 보이거라. 할 수 있겠느냐?"
관창은 마침내 자기 차례라는 듯 곧바로 말에 올라타 창을 잡고 홀로
백제군 진영으로 달려갔어요. 적군 몇 명을 쓰러뜨렸으나 결국 붙잡혀
계백 장군 앞으로 끌려갔지요. 관창을 본 계백은 그 앳된 모습에서 나온
용기에 감탄해, 관창을 죽이지 않고 신라군 진영으로 되돌려 보냈어요.

목숨 바쳐 싸운 애국자들

신라군 진영으로 되돌아온 관창은 손으로 우물물을 떠 마시며 말했어요.
"적장의 목을 베지 못한 것이 한이구나. 이번엔 반드시 성공하리라!"
관창은 다시 백제군에 달려들어 맹렬히 싸웠어요. 하지만 다시 잡혀 결국 목이 베인 채로 신라군 진영에 돌아왔어요. 이를 본 신라군은 슬픔을 누르며 사기를 끌어올려 전장으로 진격해, 결국 백제군을 무찔렀어요. 관창의 소식을 들은 태종 무열왕은 관창에게 급찬을 추증했어요.

귀족의 모범을 보인 김흠운

이름을 남기겠다고 다짐했어요

김흠운은 내물왕의 8세손이자, 태종 무열왕의 사위예요. 어릴 때 김흠운은 화랑 문노의 낭도가 되어 그의 가르침을 받으며 자랐어요. 그 당시 김흠운은 전쟁터에 나가 전사한 낭도의 이야기를 듣고는 자신도 그런 사람이 되리라 다짐했어요. 김흠운의 마음가짐이 얼마나 진지했는지, 그의 한 친구는 김흠운이 전쟁에 나간다면 못 돌아올 것 같다고 걱정할 정도였지요.

655년, 태종 무열왕 때 백제와 고구려가 연합해 신라의 33개 성을 빼앗았어요. 신라에서는 성을 되찾기 위해 군사들을 출동시켰고, 김흠운은 낭당 대감이 되어 군사들과 함께 전쟁터로 향했어요.

★**낭당 대감** 낭당은 신라의 군사 부대 중 하나이며, 대감은 낭당 총사령관의 바로 아래 계급을 말해요.

진골 귀족이 보여 준 모범

신라군은 양산에 있는 조천성을 공격하기 위해 성 아래에 진을 쳤어요. 그런데 백제군이 야밤에 기습해 신라군 진영을 공격했어요. 신라군은 혼란에 빠졌고, 화살은 신라군 진영으로 비 오듯 쏟아졌어요. 김흠운은 재빨리 바위와 나무 사이로 몸을 숨기고는 말 옆에서 창을 잡고 반격할 준비를 했어요. 그러자 옆에 있던 부하가 김흠운을 말렸어요.

야밤이라 적군과 아군 구별이 안 됩니다. 괜히 나섰다가 죽너라노 알아줄 사람도 없습니다. 더구나 공께서는 대왕의 사위로 귀하신 분인데, 적의 손에 죽는다면 우리 군에게 수치스러운 일입니다."

하지만 김흠운은 이미 자신의 목숨은 나라에 바쳤다면서 칼을 뽑아 적과 싸우다 전사했어요. 진골 귀족인 김흠운이 목숨을 아끼지 않고 싸우는 것을 보고, 다른 장수들도 백제군과 맹렬히 싸우다 전사했어요.

아들, 종과 함께 백제군과 싸운 비령자

신라군이 고전을 면치 못했어요

647년, 백제군이 신라의 무산성, 감물성, 동잠성을 대대적으로 공격했어요. 김유신이 이끄는 신라군은 날렵한 백제군을 이기기가 어려웠어요. 사기가 떨어진 신라군은 백제군이 공격한다는 소리만 들어도 두려울 정도였지요. 김유신은 고민이 깊었어요. 적을 물리칠 이런저런 생각을 하다가 화랑 시절에 낭도였던 비령자를 불러 술을 따라 주며 자신의 고민을 이야기했어요.

목숨 바쳐 싸운 애국자들

"날씨가 추워진 후에야 소나무와 잣나무 낙엽이 늦게 지는 것을 알 수 있다네. 한시가 급한 상황에 그대가 아니면 누가 용기를 내겠는가?"
그러자 비령자는 김유신의 고민을 덜어 주겠다고 했어요.
"장군께서 저를 믿고 중대한 일을 맡겨 주시니, 이 한 몸 바쳐 반드시 신라군의 승리에 불을 붙이겠습니다."

푸르른 소나무의 지조와 절개를 본받아 이 비령자가 적진에 들어가겠습니다.

합절에게 당부했어요

김유신과 헤어진 뒤 비령자는 자신의 종인 합절을 불러 말했어요.

"난 이제 나라를 위해, 그리고 나를 알아주신 분을 위해 죽을 것이다. 내 아들 거진이 나를 따라 적진으로 들어가 죽으려 할 것이니, 넌 반드시 거진을 말려야 한다. 한 집안에 아버지와 아들 모두 죽으면 집안사람은 어떻게 살아가겠느냐?"

목숨 바쳐 싸운 애국자들

다음 날, 비령자는 신라군이 지켜보는 가운데 말을 타고 홀로 백제군 진영으로 돌진했어요. 창을 휘두르며 적군을 몇 명 죽인 뒤 결국 비령자는 목숨을 잃고 말았어요. 이 모습을 지켜본 거진은 아버지를 따라 백제군에 쳐들어가려고 말에 올라탔어요. 그러자 합절이 말고삐를 잡고 거진을 말리며 말했어요.

"주인님께서 자신을 따라 죽지 말고 집에 돌아가 가족을 지키라고 하셨습니다. 아버지 말을 거역하지 마십시오!"

아버지와 아들, 종이 나라를 구했어요

거진은 자신을 말리는 합절의 팔을 뿌리치며 말했어요.

"눈앞에서 아버지가 전사했는데 구차하게 목숨을 부지하란 말이냐!"

결국 거진도 적군에 달려가 싸우다 전사했어요. 합절 역시 자신만 살아서 무엇 하겠느냐며 주인들을 따라 백제군과 싸우다 전사했어요.

이들의 장렬한 죽음에 신라군은 그동안 두려웠던 마음을 떨치고 일어나, 고함을 지르며 백제군에 돌진해 마침내 크게 승리했어요.

김유신은 세 사람의 시신을 정중하게 거두어 자기 옷을 벗어 덮어 주고 아주 슬프게 울었어요. 진덕 여왕은 이들을 합장해 장사 지내 준 다음, 이들의 가족과 친척 들을 위로하며 큰 상을 내렸어요.

★합장 여러 사람을 한꺼번에 한 무덤에 묻는 것을 말해요.

삼국사기 배움터

삼국 시대의 성을 둘러싼 무기들

삼국 시대에는 수많은 전쟁이 일어났어요. 고구려, 백제, 신라는 서로의 이익에 따라 동맹을 맺기도 하고 전쟁을 치르기도 했으며, 주변 나라와도 여러 차례 전쟁을 치렀지요.

전쟁을 할 때면 특히 성을 둘러싼 전투가 자주 일어났어요. 각 나라는 적을 막기 위해 튼튼한 성을 쌓았고, 적의 성을 공격하기 위해 포차, 충차, 운제 등 다양한 무기를 만들었어요.

포차
돌을 날려 성을 부수었어요.

포차로 성에 돌을 쏘아 성벽과 성안의 건물들을 부수었고, 충차로 성벽을 공격해 무너뜨렸으며, 운제에 설치된 사다리로 성벽을 타고 넘어갔어요. 충차는 운제를 파괴하는 무기로도 사용되었지요.
삼국 시대를 다룬 영화나 드라마를 보면, 당시 공성전에서 사용했던 무기들을 확인해 볼 수 있답니다.

★**공성전** 성을 빼앗기 위해 벌이는 전투를 말해요.

꿋꿋하게 싸우다 전사한 죽죽

검일이 나라를 배반했어요

대야성의 도독은 신라 조정의 권력자인 김춘추의 사위 김품석이었어요. 김품석은 사지 검일의 아내가 마음에 들어 그녀를 빼앗았어요. 검일은 너무 억울했지만 분노를 삭이며 이를 갈았어요.

642년, 백제 장군 윤충이 군사를 이끌고 신라 대야성을 공격했어요. 이때 검일은 아내를 빼앗은 김품석이 미워, 신라를 배반하기로 마음먹었어요.

목숨 바쳐 싸운 애국자들

"작전 성공이오!"

대야성

곡식 창고

검일은 백제로 도망간 신라 사람 모척을 몰래 만나 모의한 끝에 대야성 곡식 창고에 불을 질렀어요. 곡식 창고에 불이 나자, 성안 백성과 군사 들은 어쩔 줄을 몰라 하며 두려움에 떨었어요.
김품석을 옆에서 돕던 아찬 서천이 백제 장군 윤충에게 말했어요.
"장군께서 우릴 죽이지 않는다면 항복하겠소."
그러자 윤충이 대답했어요.
"걱정 마시오. 항복한다면 잘해 주겠소."
윤충의 말에 안심한 서천은 김품석과 장군들에게 이만 항복하자고 했어요.

꺾일지라도 굽히지 않았어요

이때 김품석을 보좌하던 사지 죽죽이 나서서 이들을 말리며 말했어요.
"윤충이 우릴 유인하려고 하는 말입니다. 지금 나가면 포로가 될 겁니다."
하지만 김품석과 장군들은 죽죽의 말을 무시하고 항복하기로 결정했어요.
죽죽은 끝까지 남아 싸울 것을 다짐했어요. 성문이 열리고 신라군이 밖으로
나오자, 문 옆에 숨어 있던 백제군은 신라군을 모두 죽였어요. 성안에서
이 소식을 들은 김품석은 백제군에 속았다는 생각에 분통이 터져 아내
고타소랑을 죽이고 스스로 목숨을 끊었어요.

목숨 바쳐 싸운 애국자들

성안에 남은 죽죽은 남은 군사들과 함께 싸웠어요. 동료 용석이 이기기 힘드니 항복하자고 했지만 죽죽은 다음과 같이 말했어요.
"내 이름이 죽죽인 것은 대나무처럼 추운 겨울에도 시들지 말고, 꺾일지라도 굽히지 말라는 것이네. 어찌 죽음이 두려워 항복하겠는가!"
용석은 고개를 끄덕이고는 죽죽과 함께 싸우다 전사했어요. 이 소식을 들은 선덕 여왕은 죽죽에게는 급찬을, 용석에게는 대나마를 추증했어요.

반역자를 처단하고 끝까지 싸운 필부

고구려군을 상대로 죽기 살기로 싸웠어요

660년 나당 연합군이 백제를 멸망시킨 후, 고구려와 신라 사이가 더욱 나빠졌어요. 그해 겨울, 고구려는 군대를 일으켜 신라 북쪽에 있는 칠중성을 포위했어요.

목숨 바쳐 싸운 애국자들

신라 태종 무열왕은 고구려와 말갈 등 외적의 침략으로부터 칠중성을 방어하기 위해 필부를 현령으로 임명해 성을 지키게 했어요. 필부가 20여 일 동안 고구려군의 공격을 잘 막아 내자, 이기기 힘들다고 생각한 고구려군은 후퇴하려고 했지요. 그런데 이때 한 사람이 조용히 성문 밖으로 나갔어요. 그 사람은 편지 한 장을 들고 고구려 장군을 만났어요. 그 편지에는, '성안의 식량이 다 떨어졌으니 지금 공격하면 항복할 것입니다.'라고 쓰여 있었어요.

★ **칠중성** 경기도 파주 적성면에 있었던 성이에요.

반역자의 최후를 보여 주었어요

편지를 받은 고구려 장군은 다시 공격할 준비를 했어요.

필부는 후퇴하려던 고구려군이 왜 갑자기 마음을 바꿔 공격하려는지 이상한 생각이 들었어요. 대나마 비삽이 몰래 고구려군과 내통했다는 것을 알아낸 필부는 비삽의 목을 베었어요. 그리고 비삽의 목을 성 밖으로 던져, 반역자의 마지막이 어떤 것인지 모든 사람에게 보여 주며 말했어요.

"충신과 의인은 죽어도 적에게 굴복하지 않는 법이다. 힘써 노력하라! 사느냐 죽느냐는 이 한 번의 전투에 달려 있다!"

그러자 병든 사람까지 일어나 고구려군과 싸울 준비를 했어요. 하지만 오랜 싸움으로 죽고 다친 군사가 절반이 넘었지요.

고구려군은 바람을 이용해 성에 불을 지르며 공격해 들어왔어요.

필부는 남은 군사들을 모아 죽기를 각오하고 싸웠지만, 결국 빗발처럼 쏟아지는 적의 화살에 맞아 죽고 말았어요.

태종 무열왕은 필부의 전사 소식에 슬퍼하며 급찬을 추증했어요.

백제의 마지막 희망, 계백

가족을 죽이고 결사대를 꾸려 전쟁터로 향했어요

660년, 신라군이 사비성을 향해 진격해 오고 있을 때였어요. 백제 의자왕은 계백 장군에게 신라군을 막으라고 명령했어요. 하지만 신라군 5만 명을 막기에는 백제군의 수가 너무 적었어요. 계백은 죽음을 각오한 5천 명의 결사대를 만들고, 전쟁터로 떠나기 전 아내와 자식들에게 말했어요.

"백제는 이제 멸망할지도 모른다. 난 우리 가족이 적군에게 잡혀 종으로 치욕스럽게 사느니, 차라리 죽는 편이 나을 거라 생각한다."

그러고는 계백은 눈물을 흘리며 아내와 자식들을 모두 죽였어요.

목숨 바쳐 싸운 애국자들

죽기를 각오하고 싸우면 반드시 이긴다!

계백은 결사대를 이끌고 황산벌에 도착해, 군사들을 세 부대로 나누어 진영을 설치했어요. 과연 쓰러져 가는 백제를 구할 수 있을지 고민하며, 계백은 결사대를 불러 모아 외쳤어요.
"옛날 춘추 시대 때, 월나라의 왕은 5천 명의 군사로 오나라의 군사 70만 명을 물리쳤다. 우리 5천 명도 오늘 죽기를 각오하고 싸우면 5만 명의 신라군을 이길 것이다!"

와— 와

나라의 운명이 걸린 황산벌 전투

마침내 계백이 이끄는 백제의 결사대와 김유신이 이끄는 신라군이 황산벌에서 운명을 건 전투를 벌였어요. 죽기를 각오한 백제군은 신라군과 네 번 싸워 네 번 모두 이겼어요. 하지만 전투를 치를수록 백제군의 군사는 점차 줄어들어 언제 무너질지 모르는 바람 앞의 촛불과 같았어요. 신라군 역시 네 번이나 패해 군사들의 사기가 크게 떨어졌어요.

목숨 바쳐 싸운 애국자들

그러다 김유신의 조카 반굴과 품일의 어린 아들 관창이 백제군 진영에 들어가 싸우다 죽자, 신라군 진영에서는 슬픔과 함께 분노의 기운이 일어났어요. 신라군은 북을 치고 소리를 지르며 백제군 진영으로 돌진했어요. 마침내 백제군은 크게 패했고 백제의 마지막 희망이었던 계백은 전사하고 말았지요. 그 뒤로 백제는 멸망의 길로 들어섰어요.

삼국사기 배움터

삼국의 왕성

삼국은 주변 나라와의 관계에 따라 왕성을 여러 번 옮겼어요. 토지가 비옥한 곳에 왕성을 짓거나 세력을 넓히기 위해 왕성을 옮기기도 하고, 전쟁에서 패배한 뒤 왕성을 옮기기도 했지요.

고구려는 주몽이 졸본성에 나라를 세운 이후 유리왕 때 도읍을 국내성으로 옮겼어요. 제20대 왕인 장수왕이 평양으로 도읍을 옮겼고 제25대 왕인 평원왕이 흔히 평양성이라고 불리는 장안성으로 도읍을 옮겼어요. 그 후 멸망 때까지 고구려는 평양성을 왕성으로 삼았어요.

백제는 온조가 위례성에서 나라를 세우고 약 500년을 보냈어요. 제22대 왕인 문주왕이 웅진성으로 도읍을 옮긴 후, 제26대 왕인 성왕이 사비성으로 도읍을 옮겼어요. 그 후 멸망할 때까지 백제는 사비성을 왕성으로 삼았지요.
신라는 시조 박혁거세가 기원전 37년, 경주에 금성을 쌓았어요. 이후 제5대 파사왕이 금성 동남쪽에 월성을 쌓았는데, 생긴 모습이 반달 같다고 해서 '반월성'이라고도 했어요. 이후 월성은 멸망할 때까지 신라의 왕성이었어요.

삼국사기 놀이터

필부는 칠중성에 쳐들어온 고구려군과 치열하게 싸웠어요. 그러던 중 고구려군과 내통하던 사람이 있다는 것을 알고는 군사들에게 배신자의 최후를 보여 주었지요. 두 그림을 보고, 다른 곳 다섯 군데를 찾아 ◯해 보세요.

힘들고 어려운 환경에서도 자신의 신념을 굽히지 않고 의롭게 살기 위해 애썼던 사람들이 있어요. 동료의 모함에도 나라를 우선했던 실혜, 전쟁에서 수차례 공을 세웠지만 이를 사사로이 챙기지 않았던 물계자, 의롭지 못한 행동은 결코 따르지 않았던 검군까지 모두 자신의 신념을 끝까지 지켰던 사람들이에요.
이들이 어떤 신념을 가지고 어떻게 행동했는지 들여다볼까요?

자신의 신념을 끝까지 지킨 사람들

모함을 받았으나 애국심을 잃지 않은 실혜

동료의 모함을 받았어요

신라 진평왕 때 왕을 가까이에서 지키던 실혜라는 사람이 있었어요. 실혜에게는 진제라는 부하가 있었는데, 둘은 사이가 좋지 않았어요. 실혜는 심지가 곧고, 이치에 맞지 않는 일에 굴복하지 않는 대쪽 같은 사람이었어요. 일을 할 때도 잘한 것과 못한 것을 올바르게 처리했지요.

자신의 신념을 끝까지 지킨 사람들

반면에 진제는 일 처리가 올바르지 않았지만, 아첨을 잘해 진평왕에게 사랑을 받았어요. 그러던 어느 날, 진제는 실혜가 마음에 들지 않아 왕에게 실혜를 헐뜯는 말을 했어요.

"실혜는 힘만 세지 머리가 나쁜 데다가 금방 기뻐하다가도 또 금방 화를 냅니다. 임금님의 말이라도 자기 마음에 맞지 않으면 분노를 참지 못하지요. 이런 자를 벌주지 않으면 임금님께 반역할지도 모릅니다."

진평왕은 진제의 말만 듣고는 실혜를 도성 밖으로 멀리 보냈어요.

실혜가 반역을 할지도 몰라요!

실혜, 이놈! 꼴도 보기 싫다!

뻥!

노래를 지어 자기의 뜻을 나타냈어요

옆에서 실혜를 잘 아는 어떤 사람이 실혜에게 말했어요.
"자네는 돌아가신 할아버지 때부터 충성스럽고 훌륭한 집안으로 널리 알려져 있었는데, 이렇게 간신배의 모함으로 시골에서 벼슬 생활을 하는 게 분하지도 않나? 어찌 잘못된 일을 바로잡지 않는가?"

그러자 실혜가 대답했어요.

"초나라의 굴원도 강직한 충신이었으나 조정에서 쫓겨났지요. 진나라의 이사도 나라에 충성했지만 극형을 받았습니다. 아첨하는 신하가 임금의 눈과 귀를 어지럽히고, 충신이 따돌려 내쳐지는 것은 옛날이나 지금이나 매한가지인데 어찌 슬프다고 하겠습니까?"

그러면서 실혜가를 지어 자기의 뜻을 나타냈어요.

★**실혜가** 실혜가 지은 긴 노래로, 지금은 전해지지 않아요.

인정받지 못해 산으로 들어간 물계자

공을 세웠으나 인정받지 못했어요

신라 내해왕 때였어요. 가을에 포상 8국이 가라국을 침략하려고 하자, 가라국의 왕자가 신라에 구원을 요청했어요. 내해왕은 아들 내음에게 군사를 이끌고 가라국을 구하라고 명령했어요.

신라 지원군에는 물계자도 있었어요. 물계자는 변변치 못한 가문에서 태어났으나 용감하고 마음이 곧아 어려서부터 큰 뜻을 품고 살았어요.

자신의 신념을 끝까지 지킨 사람들

내음은 전투에서 승리했어요. 이 전투에서 물계자는 큰 공을 세웠지만 내음에게 미움을 받아 공로를 인정받지 못했지요.
어떤 사람이 물계자에게 내음이 원망스럽지 않느냐고 물었어요. 그러자 물계자는 공로를 자랑하고 명예를 얻고자 하는 것은 뜻있는 자의 태도가 아니라면서, 마음을 굳게 하고 나중을 기다릴 뿐이라고 대답했어요.

산에 들어가 세상에 나오지 않았어요

포상 8국 중 골포, 칠포, 고사포가 신라의 갈화성을 공격했을 때였어요. 내해왕이 직접 참가한 이 전투에서도 물계자는 크게 활약해 적군 수십 명을 쓰러뜨렸어요. 하지만 이때에도 물계자는 공로를 인정받지 못했어요. 그러자 물계자는 아내에게 말했어요.

★**골포·칠포·고사포** 각각 지금의 경남 창원, 사천, 고성에 있던 나라예요.
★**갈화성** 지금의 울산광역시 근처에 있었던 성이에요.

자신의 신념을 끝까지 지킨 사람들

"신하란 위험한 때에 목숨을 바치고, 어려운 순간에도 자기를 돌보지 않는다고 했소. 예전 포상 8국과의 전쟁 때나 이번 갈화성 싸움 때나 모두 위험하고 어려웠소. 그런데도 공을 인정받지 못하고 사람들에게도 알릴 수 없으니, 앞으로 무슨 낯으로 나랏일을 하겠소?"
그러면서 물계자는 거문고를 들고 산에 들어가 세상에 나오지 않았어요.

의롭지 않은 일을 멀리한 검군

의롭지 않은 일에 함께하지 않았어요

627년, 신라 진평왕 때였어요. 가을 추수를 할 즈음에 서리가 내려 많은 곡식에 피해를 입혔고, 이듬해 봄과 여름에는 흉년이 들었어요. 백성들은 굶주린 나머지 자식들을 팔아 끼니를 겨우 이어 갔지요.

자신의 신념을 끝까지 지킨 사람들

검군은 사량궁의 하급 관리직인 사인으로 있었어요. 검군뿐 아니라 다른 사인들도 흉년으로 집에 먹을 것이 없어 고통받았어요. 이에 사인들이 곡식을 모아 둔 왕실 창고인 창예창의 곡식을 몰래 훔쳐 나누어 가졌어요. 하지만 검군은 훔친 곡식을 받지 않았지요. 동료 사인이 곡식을 더 주려고 했으나 검군은 끝까지 받지 않았어요.

★**사인** 궁에서 임금이나 높은 관리들을 시중드는 일을 했던 관리예요.

옳은 일에 도망치지 않았어요

"나는 근랑의 낭도로, 의로운 일이 아니면 따르지 않습니다."
검군의 말에 사인들은 자신들의 도둑질이 발각될까 두려워, 검군을 죽이기로 모의했어요. 검군도 사인들이 자기를 죽이려고 하는 것을 알았지요. 검군은 근랑을 만나 앞으로는 못 볼 것 같다고 말했어요. 근랑이 이유를 묻자, 검군은 사인들이 몰래 곡식을 훔친 사실을 말했어요.

★**근랑** 신라의 모범적인 화랑으로, 많은 낭도를 거느렸어요.

자신의 신념을 끝까지 지킨 사람들

근랑은 이 사실을 왜 신고하지 않느냐고 하자, 검군이 말했어요.
"죽는 것이 무서워 여러 사람을 벌주는 일은 차마 못 하겠습니다."
근랑이 차라리 도망가라고 하자, 검군이 또 이렇게 말했어요.
"제가 옳고 그들이 잘못했는데 도망간다면 대장부가 아니지요."
결국 검군은 사인들이 베푼 술자리에서 그들이 술에 몰래 탄 독약을 알면서도 마시는 죽음의 길을 선택했어요.

삼국사기 배움터

말단 관리 모초의 한마디

〈삼국사기〉의 열전 외에 본기에도 신념이 대쪽 같은 신하의 이야기가 있어요. 신라 제38대 왕인 원성왕 때 모초라는 신하가 있었어요. 모초는 집사부에서 가장 낮은 직책인 '집사사'였어요. 어느 날, 집사부 시중 세강이 자옥이라는 사람을 지방 현령에 임명하자 모초가 말했어요.

"자옥은 문적 출신이 아니기 때문에 현령이 될 수 없습니다."

당시에는 현령이 되려면 문적 출신이어야 했어요. 문적이란 원성왕 때 처음으로 시행됐던 과거 제도인 '독서삼품과'를 말해요.

모초는 비록 집사부의 하위 관리였지만, 규정을 지키지 않은 상위 관리에게 잘못된 점을 지적했어요. 모초의 지적에 세강은 다른 관리들과 의논하더니, 자옥이 당나라에서 공부했기에 현령이 되는 건 문제없다고 말했어요. 옳고 그른 일은 지위의 높고 낮음에 따라 바뀌지 않아요. 모초는 비록 자신의 의견이 받아들여지지 않았지만, 자신의 지위와는 상관없이 규정에 어긋나는 일을 말했던 거예요. 김부식도 이러한 모초의 한마디는 후세에 길이 모범이 될 만하다고 했지요.

삼국사기 놀이터

신라 사인 중에 심지가 곧은 검군이 있었어요. 그는 의롭지 않은 일은 결코 따르지 않았지요.
아래 그림을 보고 일어난 순서대로 번호를 적고, 빈칸에 자신만의 이야기를 만들어 보세요.

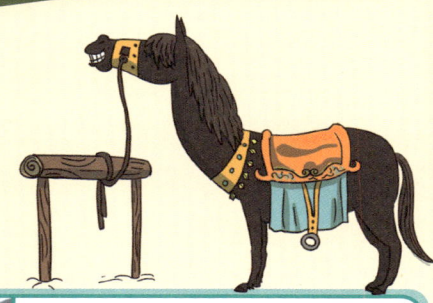

〈삼국사기〉의 '잡지'는 본기와 열전을 제외한 여러 기록을 말해요. 삼국의 제사와 음악을 비롯해 관복과 수레, 그릇, 집 등 생활에 관한 것, 삼국의 영토와 지리에 관한 것, 중앙과 지방의 관청 및 관직에 관한 것 등이 모두 아홉 권에 걸쳐 실려 있지요. 대부분 신라를 중심으로 한 기록이며, 고구려와 백제의 기록은 중국 역사책에서 많이 가져왔어요. '잡지'를 통해 삼국 시대의 생활이 어떠했는지를 약간이나마 엿볼 수 있답니다.

삼국의 제사와 음악

제사를 지냈어요

6년, 신라 제2대 임금 남해왕은 아버지 박혁거세의 사당을 세워 1년에 네 번 제사를 지냈어요. 이때부터 신라에서 처음으로 종묘˚ 제도가 시작되었어요. 신라는 종묘 제도 외에 매년 농사와 날씨에 관련한 제사를 지냈고, 나라의 큰 산과 강, 바다 등을 숭상하는 제사도 지냈어요. 이 밖에 해와 달에 제사를 지내는 일월제, 하늘의 다섯 별에 지내는 오성제, 비를 기원하는 기우제를 정해진 곳에서 지냈어요.

★**종묘** 선왕들의 제사를 지내던 곳이에요.

'잡지'로 엿보는 삼국의 생활

고구려와 백제의 제사는 제대로 전해지지 않아요. 〈삼국사기〉에는 〈고기〉와 중국 역사책에 기록된 것이 실려 있어요.
고구려는 10월에 사람들이 모여 '동맹'이라는 제사를 하늘에 지냈고, 3월 3일에는 낙랑 언덕에 모여 사냥을 한 후 돼지와 사슴을 잡아 하늘과 산천에 제사를 지냈지요. 백제는 1년에 네 번, 계절마다 임금이 하늘과 5제의 신에게 제사를 지냈어요.

★5제 다섯 방위인 동서남북과 중앙을 지키는 다섯 신을 말해요.

거문고와 만파식 이야기

거문고는 중국의 '금'이라는 악기를 본떠 만든 것으로, 중국 진나라에서 칠현금이 고구려에 처음 전해졌어요. 고구려의 재상인 왕산악이 이 악기를 고쳐 만든 다음, 100여 곡을 지어 연주했어요. 이때 검은 학이 날아와 춤을 추었다고 해서 '현학금'이라고 이름 지었다가, 나중에 '현금(거문고)'이라고 했어요. 이후 신라 경덕왕 때 거문고의 대가인 옥보고가 지리산에서 50년 동안 거문고를 연구해 30여 곡을 지으면서 거문고가 널리 퍼졌어요.

'잡지'로 엿보는 삼국의 생활

신라에는 거문고를 비롯해 가야금, 비파와 같이 줄로 된 악기 외에 대나무로 만든 대금, 중금, 소금 등 입으로 부는 악기가 있었어요.
신라 신문왕 때, 대나무로 만든 유명한 악기가 있었어요. 동해 바다 가운데에 갑자기 거북 머리 모양 같은 작은 산이 솟아났어요. 산 위에 대나무 한 그루가 있었는데, 낮에는 갈라져 둘이 되었다가 밤이 되면 합해져 하나가 되었어요.
신문왕이 사람을 보내 대나무를 베어다가 피리를 만들어 그 이름을 '만파식'이라고 했어요.

★**만파식** 거친 파도가 잠잠해진다는 뜻으로, 피리를 불면 나라의 모든 걱정이 사라질 것이라는 바람이 담겨 있어요.

165

신분에 따라 다른 생활 모습

신분에 따라 옷이 달랐어요

신라는 법흥왕 때 처음으로 신분에 따라 고유한 옷의 색과 꾸밈새를 정했어요. 그러다 진덕 여왕 때 의복 제도가 중국식으로 바뀌었어요. 흥덕왕 때에는 사치스러운 사회 풍조로 혼란이 있자, 왕이 의복 제도를 지킬 것을 강력하게 명령했어요. 사람들은 각각 신분에 따라, 그리고 남녀에 따라 정해진 규정에 맞게 옷을 입어야 했어요.

'잡지'로 엿보는 삼국의 생활

고구려와 백제의 의복 제도는 기록이 많지 않아요. 고구려의 임금은 5색으로 채색한 옷을 입고 흰 비단으로 만든 왕관을 썼으며, 금색 테두리를 두른 가죽띠를 했어요. 그리고 사람들은 머리에 고깔 모양의 '절풍'을 썼어요. 백제는 고이왕의 의복이 기록되어 있어요. 고이왕은 소매가 큰 자줏빛 도포와 푸른 비단 바지를 입었어요. 검은 비단 왕관에 금색 꽃으로 장식했으며, 하얀 가죽 허리띠와 검은 가죽신을 신었지요. 백제의 평민들은 붉은 옷과 자줏빛 옷을 입을 수 없었어요.

골품에 따라 수레, 그릇, 집이 달랐어요

신라에는 골품에 따라 이동할 때 쓰던 수레와 말에 대한 규정이 있었어요. 수레를 만드는 데 쓰이는 나무의 종류와 꾸미는 데 쓰이는 재료, 심지어 수레를 끄는 소의 굴레와 말 고삐의 재료까지 꼼꼼하게 정해 두었어요. 또 말의 등에 얹는 안장에 대해서는 신분에 따라, 그리고 남자와 여자의 성별에 따라 다르게 정해 두었어요.

어떤 그릇을 써야 하는지도 정해 두었는데, 진골일지라도 금과 은이나 도금한 그릇은 쓰지 못하도록 했어요.

집은 신분에 따라 길이와 너비를 제한했고, 계단과 담장, 병풍, 밥상 등에 대한 규정도 있었어요. 특히 6두품 이하부터는 마구간에 둘 수 있는 말의 수를 정해 두었는데, 6두품은 다섯 마리, 5두품은 세 마리, 4두품은 두 마리까지만 둘 수 있었어요.

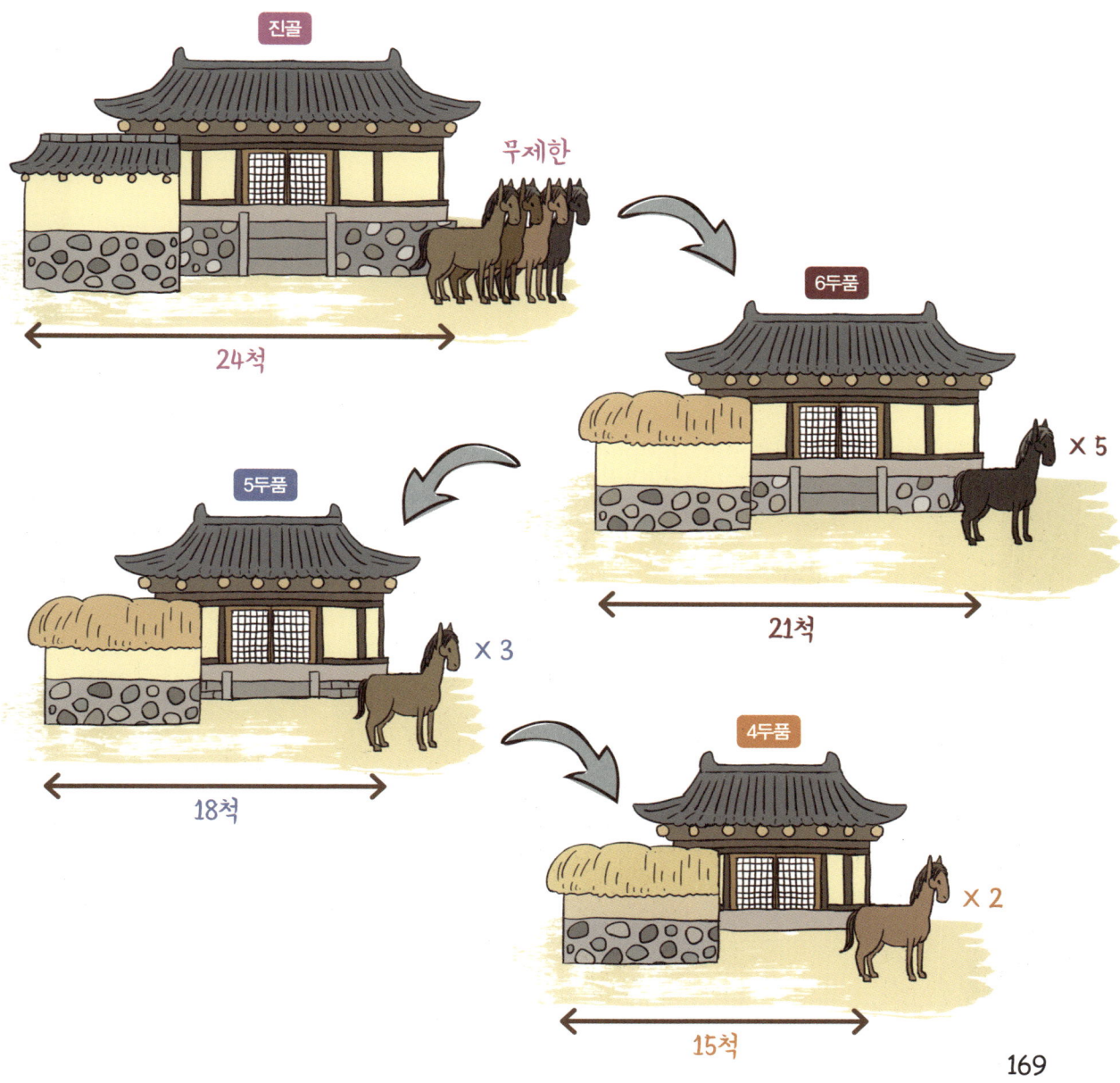

신라의 여러 관청과 관직

용왕에 제사를 지내는 관청도 있었어요

신라 초기에는 '대보'라는 관직을 두어 왕을 도와 나랏일을 보게 했어요. 남해왕 때 석탈해가 첫 대보였지요. 이후 유리왕 때 관리의 등급을 17개로 나누었으며, 법흥왕 때 본격적으로 나라에 여러 관청과 관직이 생겨났어요. 집사부, 병부, 조부, 창부 등 주요 부서의 최고 책임자는 대개 진골들이 맡았어요. 또 귀족들을 대표하는 최고 관직인 '상대등'은 정치적인 힘이 강해, 신라 후기에 상대등에서 왕이 나오기도 했지요.

'잡지'로 엿보는 삼국의 생활

신라는 불교를 숭상한 나라였던 만큼 사천왕사, 봉성사, 감은사 등 큰 절을 관리하며 고치는 일을 맡은 관청도 있었어요. '사천왕사성전', '봉성사성전', '감은사성전' 등으로 불렸는데, 이들 관청의 최고 책임자 역시 높은 지위에 있는 사람들이 맡았어요. 또한 특이하게도 '용왕전'이라는 관청이 있었는데, 용왕에 제사 지내는 일을 했을 것으로 추측돼요.

관청에서 검문 나왔습니다.

삼국사기 배움터

신라의 주요 관청과 오늘날의 행정 부서

신라에는 13개의 중앙 행정 관청이 있었어요. 각 관청은 세금을 거두어 나라를 지키며 나라 살림을 꾸리고, 교육과 외교 등의 일을 담당했지요. 오늘날 우리나라의 행정 부서도 이와 비슷한 일을 하고 있어요. 신라와 대한민국의 주요 관청들을 비교해 볼까요?

신라와 대한민국의 주요 관청

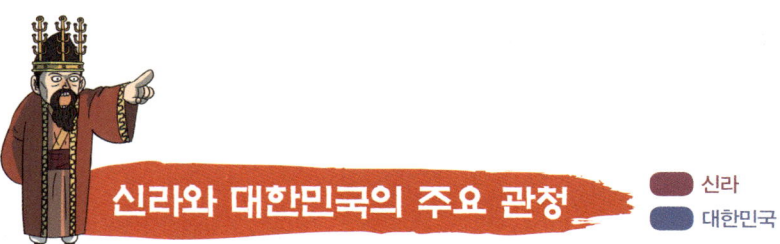

■ 신라
■ 대한민국

담당 업무
왕의 명령을 실행하고 기밀을 관리함.
- 집사부
- 행정안전부

담당 업무
군사에 관한 일을 시행함.
- 병부
- 국방부

담당 업무
나라의 살림을 담당함.
- 창부
- 기획재정부

담당 업무
교육과 의례를 담당함.
- 예부
- 교육부

담당 업무
외국 사신을 접대하는 일을 담당함.
- 영객부
- 외교부

담당 업무
건축물을 새로 짓고 수리하는 일을 담당함.
- 예작부
- 국토교통부

담당 업무
관리들의 인사에 관한 일을 담당함.
- 위화부
- 인사혁신처

담당 업무
법률, 형벌 등에 관한 일을 담당함.
- 이방부
- 법무부

삼국사기 놀이터

신라에는 선왕들을 모시는 제사, 날씨와 농사와 관련된 제사, 자연을 숭상하는 제사 등이 있었어요. 신라에서 어떻게 제사를 지냈을지 그 모습을 상상하며 색을 칠해 보세요.

정답

▼ 48~49쪽

▼ 80~81쪽

▼ 140~141쪽

▼ 158~159쪽

<그림으로 보는 삼국사기> 시리즈는 전 5권입니다.

1권　고구려 본기
2권　백제와 신라 본기
3권　신라 본기와 후삼국
4권　삼국을 빛낸 인물 열전
5권　열전과 잡지

<그림으로 보는 삼국지>와 함께 읽어요!

고구려

평강 공주의 내조로 바보에서 장수로 탈바꿈된 고구려 장군

신라

아버지 찬덕을 좇아 가잠성을 되찾기 위해 싸운 신라 무장

신라

아랫사람의 모함으로 쫓겨나고 실혜가를 지어 부른 신라 관리

신라

동료들이 주는 훔친 곡식을 끝까지 거절한 신라의 청렴 관리

해론
출생~사망 ?~618

가잠성에서 백제군과 끝까지 싸우다 전사한 아버지의 공로로 나는 스무 살 때 대나마가 되었어. 나 역시 아버지를 위해, 그리고 신라를 위해 가잠성에서 백제군과 일진일퇴를 거듭하며 싸우다 전사했지.

온달
출생~사망 ?~590

마을에서 바보라고 불렸던 나에게 어느 날 평강 공주가 찾아왔어. 공주가 나에게 시집오겠다니, 나는 귀신인 줄 알았지. 그녀 덕분에 난 고구려의 장군이 되었고, 수차례에 걸친 전쟁에서 공적을 쌓았어.

검군
출생~사망 ?~628

난 신라에서 높은 관리들의 시중을 들던 사인이었어. 흉년이 들었을 때, 다른 사인들이 나라의 곡식을 몰래 훔쳐 나에게도 나누어 주었지만 거절했지. 의롭지 않은 일에는 절대 함께하지 않았어.

실혜
출생~사망 ?~?

난 진평왕을 가까이에서 모시는 일을 했어. 일을 올바르게 처리했고 잘못된 일은 꼭 짚고 넘어갔지. 그런데 부하 진제의 모함으로 시골 벼슬자리로 쫓겨났어. 난 불평 없이 내 일을 하며 실혜가라는 노래도 만들었어.

진대법으로 굶주린 백성들을
구제한 고구려 국상

청야 작전으로 후한을 물리친
고구려 최초의 국상

성이 함락될 위기에도 대나무처럼
끝까지 굽히지 않았던 신라 장군

5천 명의 결사대로
황산벌 전투를 이끈 백제 장군

명림답부
출생~사망 67~179

난 신대왕을 왕위에 올리고 고구려 최초의 국상이 되었어. 나랏일을 보며 군사 일도 맡았지. 후한이 쳐들어 왔을 때 다른 신하들은 다 맞서 싸우자고 했지만, 나는 반대했어. 그리고 청야 작전을 펼쳐서 후한의 군사들을 굶겨 후퇴하게 만들었어.

을파소
출생~사망 ?~203

나, 을파소는 왕과 백성들의 사랑을 받은 고구려의 국상이야. 왕은 신하들에게 나의 명령을 따르지 않으면 씨족을 멸하겠다고 했어. 그런 왕의 기대에 힘입어 진대법을 만들어 굶주린 백성들을 구제했지.

계백
출생~사망 ?~660

난 내 가족이 신라의 노예로 치욕스럽게 사느니 죽는 게 낫다고 생각했어. 그래서 눈물을 머금고 가족을 죽인 뒤, 5천 명의 결사대와 황산 들판에 나가 신라군 5만 명을 상대했어. 죽기 살기로 싸웠지만 결국 패배하고 말았지.

죽죽
출생~사망 ?~642

백제군이 신라 대야성을 공격했을 때 성안의 장군들이 항복하고 성문을 열어 주었어. 이때 난 성안에 끝까지 남아 싸우겠다고 했지. 대나무처럼 굽히지 말라는 내 이름처럼, 백제군에 맞서 싸우다 전사했어.

박제상
출생~사망 ?~?

난 고구려와 왜에 볼모로 잡혀간 눌지왕의 동생, 복호와 미사흔을 탈출시켰어. 왜에 있던 미사흔을 탈출시킬 때 난 왜왕에게 붙잡혔지. 왜왕은 나에게 왜의 신하가 되라고 했는데, 난 이렇게 대답했어.
"왜의 신하가 되느니 신라의 개가 되겠다!"

석우로
출생~사망 ?~249

신라 내해왕의 아들인 나는 여러 나라를 정벌하고 많은 공적을 쌓은 대장군이었어. 한번은 왜의 사신에게 왜왕을 놀리는 말을 했다가 왜군이 신라에 쳐들어왔어. 난 내가 한 실수에 책임지고 사과하러 왜군 진영에 들어갔는데, 그들은 날 불태워 죽이고 말았어.

관창
출생~사망 645~660

난 어릴 적부터 백제를 쳐부수는 게 목표였어. 열여섯 살 때 황산벌 전투에서 홀로 적진에 쳐들어가 장렬히 전사했지. 이런 나의 모습에 자극을 받은 신라군은 결국 백제군을 무너뜨렸어.

취도
출생~사망 ?~?

승려였던 나는 신라가 위기에 빠졌을 때 승복을 벗고 전쟁터에서 싸우다 전사했어. 나의 형은 백제군과 싸워 전사했고, 동생은 고구려 유민의 반란을 진압하다 전사했지. 신문왕은 우리 삼 형제에게 사찬을 추증했어.

삼국시대 인물 카드

나는 누구일까?

(── 거문고 선)

인물 카드 특징 및 활용 방법

1. 5권에 등장하는 인물 14명을 뽑았어요.
2. 인물을 한눈에 이해할 수 있도록 쉽고 간단하게 정리했어요.
3. 삼국사기를 읽다가 잊어버린 인물이 있어도 문제없어요. 카드를 펼치고 찾아보세요.
4. 부모님이나 친구에게 카드 앞면을 보여 주세요. 그리고 카드 뒷면의 인물을 소개하는 글을 읽으면서 "나는 누구일까?" 하고 문제를 내 보세요.
5. 가장 좋아하는 인물 카드를 뽑아, 좋아하는 이유를 설명해 보세요.

신라

죽어서도 진평왕에게 충언한
신라 정치가

신라

하늘을 나는 장수로 불린
신라 백성군의 장수

김후직
출생~사망 ?~?

신라 지증왕의 증손자인 나는 진평왕 때 높은 관직을 맡았어. 나라에 대한 충성심도 강했지. 특히 죽은 뒤에도 무덤 속에서 진평왕에게 사냥을 그만하고 나랏일에 힘쓰라고 충언했던 일화가 유명해.

심나
출생~사망 ?~?

나는 백제군이 쳐들어왔을 때 홀로 백제군을 물리쳐서 '하늘을 나는 장수'라는 별명이 붙었어. 나를 꼭 닮은 아들 소나는 말갈군과 치열하게 싸우다 전사해, 진골에게만 주는 관등인 잡찬을 추증받았지.